城镇化进程中城乡建设用地增减挂钩政策效应研究

自然资源部国土整治中心
浙江大学　　　　编
四川大学

中国大地出版社

· 北 京 ·

图书在版编目（CIP）数据

城镇化进程中城乡建设用地增减挂钩政策效应研究 /
自然资源部国土整治中心，浙江大学，四川大学编. —
北京：中国大地出版社，2022.5
ISBN 978-7-5200-0726-9

Ⅰ．①城⋯ Ⅱ．①自⋯ ②浙⋯ ③四⋯ Ⅲ．①城乡建
设-土地利用-土地政策-研究-中国 Ⅳ．①F293.2

中国版本图书馆 CIP 数据核字（2021）第 010227 号

CHENGZHENHUA JINCHENG ZHONG CHENGXIANG JIANSHE YONGDI
ZENGJIAN GUAGOU ZHENGCE XIAOYING YANJIU

责任编辑：孙　灿　相洪波
责任校对：张　冬
出版发行：中国大地出版社
社址邮编：北京市海淀区学院路 31 号，100083
电　　话：010-66554649（邮购部）；010-66554610（编辑室）
网　　址：www.chinalandpress.com
印　　刷：北京地大彩印有限公司
开　　本：700mm×1000mm　1/16
印　　张：10
字　　数：180 千字
版　　次：2022 年 5 月北京第 1 版
印　　次：2022 年 5 月北京第 1 次印刷
定　　价：58.00 元
书　　号：ISBN 978-7-5200-0726-9

目　　录

第一章　城乡建设用地增减挂钩政策的产生与发展

1997年，中共中央、国务院印发《关于进一步加强土地管理切实保护耕地的通知》（以下简称中央11号文件），提出"必须严格按照耕地总量动态平衡的要求，做到本地耕地总量只能增加，不能减少，并努力提高耕地质量""实行占用耕地与开发、复垦挂钩政策"，成为城乡建设用地增减挂钩政策的历史起点，其后城乡建设用地增减挂钩的具体形式不断地发展和演变。本章依2004年和2014年两个时间节点，分三个阶段，对城乡建设用地增减挂钩政策产生与发展的阶段特点及逻辑线索进行概括和梳理。

第一节　城乡建设用地增减挂钩政策探索阶段
（1997—2004年）

20世纪90年代末期，我国耕地保护面临着十分严峻的形势，开发区热、房地产热导致耕地面积锐减，人地矛盾日趋尖锐。针对这一形势，1997年4月，中央11号文件决定以土地用途管制制度代替分级限额审批制度，要求建立耕地总量动态平衡制度，积极推进土地整理工作。

在中央11号文件的指导下，一些地方开始自发地通过探索建设用地置换、周转和土地整理复垦折抵建设用地指标等办法，盘活存量城乡建设用地。1998年6月，浙江省人民政府办公厅印发《关于鼓励开展农村土地整理有关问题的通知》（浙政办发〔1998〕91号）❶，提出实行土地整理增加耕地面积折抵建设用地指标的政策，规定"在农村土地整理项目完成后，在冲抵预安排的启动指标后，按实际增加有效耕地面积的70%下达建设用地指标"。

1998年8月29日，九届全国人民代表大会常务委员会第四次会议对《中华人民共和国土地管理法》（以下简称《土地管理法》）进行了修订。修订后的《土地管理法》将中央11号文件确立的土地用途管制、耕地总量动态平衡

---

❶ 该文件已于2012年7月1日废止。

和土地整理政策上升为法律。

在总结各地土地开发整理经验的基础上，为促进农村土地整理和土地复垦，调动社会各方面积极性，1999 年 10 月 18 日，国土资源部印发《关于土地开发整理工作有关问题的通知》（国土资发〔1999〕358 号），提出实行土地置换政策，促进农村土地整理和土地复垦。有关土地置换的主要情形：一是在农村居民点向中心村和集镇集中、乡镇企业向工业小区集中时，确需占用其他耕地的，可以与腾出来的旧址整理后增加的耕地进行置换，保证耕地面积不减少，并力争有所增加、质量有所提高；二是国有工矿企业可以用复垦原有国有废弃地增加的数量和质量相当的耕地，置换因生产被破坏的农村集体耕地。在这两种情形下，实行土地置换的，其建设用地可以不占用年度建设占用耕地计划指标。

为解决小城镇发展用地问题，2000 年 6 月 13 日，中共中央、国务院印发《关于促进小城镇健康发展的若干意见》，在小城镇建设用地方面提出"要通过挖潜，改造旧镇区，积极开展迁村并点，土地整理，开发利用荒地和废弃地，解决小城镇的建设用地""要严格限制分散建房的宅基地审批，鼓励农民进镇购房或按规划集中建房，节约的宅基地可用于小城镇建设用地"。随后，为落实中共中央关于小城镇建设用地的政策，2000 年 11 月 30 日，国土资源部印发《关于加强土地管理促进小城镇健康发展的通知》（国土资发〔2000〕337 号），要求小城镇建设用地必须立足于挖掘存量建设用地潜力，用地指标主要通过农村居民点向中心村和集镇集中、乡镇企业向工业小区集中和村庄整理等途径解决，做到在小城镇建设中镇域或县域范围内建设用地总量不增加，并首次提及"周转指标"一词，明确可给予试点小城镇一定数量的新增建设用地占用耕地的周转指标，用于实施建新拆旧，促进建设用地的集中，规定周转指标由省级国土资源管理部门单列，坚持"总量控制，封闭运行，台账管理，统计单列，年度检查，到期归还"。同时，明确对于集中建房或进镇购房农户的原宅基地复耕或依法转让的，可视同履行占补平衡义务。

2000 年 12 月，国土资源部印发《关于加强耕地保护促进经济发展若干政策措施的通知》（国土资发〔2000〕408 号），进一步重申、明确和规范了三项土地置换政策：一是建设用地指标置换政策，主要用于挖潜农村建设用地，即"对将原有农村宅基地或村、乡（镇）集体建设用地复垦成耕地的，经省级国土资源管理部门复核认定后，可以向国家申请增加建设占用耕地指标"，且该指标在符合相关规划的前提下"专门用于乡（镇）基础设施、中心村和小城镇建设以及乡（镇）工业小区建设"。建设用地指标置换规模可视地方实际自行确定，无须单列编报控制指标。二是农用地整理指标折抵政策，即"对各地自筹资金进行农用地整理净增农用地中的耕地面积，经省级国土资源管理部门复核认定后，可以向国家按照 60% 的比例申请增加建设占用耕地指标"。三是建设用地指标周转政策，主要用于满足试点小城镇建设用地需求，即"对国家和省级试点小城镇，单列编报下达一定数量的建设占用耕地周转指标。小城镇建设建新拆旧完成后，经复核认定的复垦成耕地的面积必须大于建设占用耕地的面积"，重申周转指标按"总量控制，封闭运行，台账管理，年度检查，到期归还"的原则进行管理。

在中共中央土地置换政策的引导和规范下，更多的省份加入建设用地置换、折抵和周转等探索和试验的行列。2001 年 9 月，福建省人民政府印发《福建省建设用地土地置换管理暂行规定》（闽政〔2001〕28 号），提出"依据土地利用总体规划和村庄、集镇建设规划，建制镇、村镇个人和集体建设所需占用的耕地与整理原依法取得的建设用地所形成的耕地进行互换""土地置换后仍有节余的耕地，土地置换单位可以将节余的耕地折成农用地转用指标"。2003 年 5 月，山东省国土资源厅印发《关于实行建设用地指标置换和农用地整理指标折抵的意见》（鲁国土资发〔2003〕79 号），明确提出"城镇建设用地范围外的原依法取得的建设用地复垦为耕地，其建设用地复垦为耕地的数量与非农业建设项目新占用耕地指标进行等量交换""以置换方式取得的建设用地指标视同规划建设用地指标""运用工程措施，对配置不当、利用不充分的农用地，由省以下（含省）投资进行综合治理，将整理净增加的耕地，按 60% 的比例折抵规划建设占用耕地指标，用于非农业建设"。

2003 年 10 月，国土资源部印发《土地开发整理若干意见》（国土资发〔2003〕363 号）进一步重申"坚持鼓励土地整理和复垦的有关政策。运用建设用地指标置换政策，整理农村废弃建设用地；运用复垦土地置换政策，复垦历史遗留的工矿废弃地"。

经过几年实践，"建设用地指标置换""农用地整理指标折抵"和"建设用地指标周转"这三项土地置换政策进一步分化。其中，"农用地整理指标折抵"政策作为鼓励农用地整理的一项制度安排，通过农用地整理先行增加耕地，而后按所增加耕地面积的一定比例追加当地的新增建设用地指标，浙江省农用地整理折抵建设用地指标的生成和交易即为其典型案例（谭峻等，2014；汪晖等，2009）。"农用地整理指标折抵"政策的内在逻辑是耕地面积增加，新增建设用地指标相应增加；是建设用地总量增加前提下的新增建设用地占补平衡。与之迥然不同的是，"建设用地指标置换"和"建设用地指标周转"两项政策的内在逻辑则是农村建设用地减少，城镇建设用地增加；是在建设用地总量不增加前提下的城乡建设用地布局调整。而"建设用地指标置换"与"建设用地指标周转"的不同之处在于，前者无须单列编报控制指标，而后者则是在中共中央下达的控制指标约束下开展土地置换。

第二节　城乡建设用地增减挂钩政策建立发展阶段
（2004—2014 年）

2004 年 10 月，国务院印发《关于深化改革严格土地管理的决定》（国发〔2004〕28 号，以下简称国务院 28 号文件），正式提出"鼓励农村建设用地整理，城镇建设用地增加要与农村建设用地减少相挂钩"。这标志着 20 世纪 90 年代后期和 21 世纪前几年实行的"建设用地指标置换""建设用地指标周转"等土地置换政策已逐渐演化，并转型为城乡建设用地增减挂钩政策。

为贯彻落实国务院 28 号文件中提出的增减挂钩政策，2005 年 6 月 4 日，《国务院办公厅关于转发〈国土资源部关于做好土地利用总体规划修编前期工作的意见〉的通知》（国办发〔2005〕32 号）在"研究如何优化城乡用地结构和布局问题"中提出"按照城镇建设用地增加与农村建设用地减少相挂钩的要求，提出土地利用调整和推进建设用地整理的措施"。同年，天津、浙江、江苏、安徽、山东、湖北、广东、四川等省（直辖市）向国土资源部提请开展增减挂钩试点工作。10 月 11 日，《国土资源部关于印发〈关于规范城镇建设用地增加与农村建设用地减少相挂钩试点工作的意见〉的通知》（国土资发〔2005〕207 号）明确了增减挂钩试点的管理体制，即"依据土地利用总体规划，将若干拟复垦为耕地的农村建设用地地块（即拆旧地块）和拟用于城镇建设的地块（即建新地块）共同组成建新拆旧项目区（以下简称项目区），通过建新拆旧和土地复垦，最终实现项目区内建设用地总量不增加，耕地面积不减少、质量不降低，用地布局更合理的土地整理工作"。城乡建设用地增减挂钩实行按项目区管理的制度，标志着增减挂钩已从之前的台账化管理转向项目化管理。

2006 年年初，国家发展改革委办公厅印发《关于在全国部分发展改革试点小城镇开展规范城镇建设用地增加与农村建设用地减少相挂钩试点工作的通知》（发改办规划〔2006〕60 号），要求按照国土资发〔2005〕207 号文件的要求，在全国发展改革试点小城镇开展增减挂钩试点工作。4 月 14 日，国土资源部印发《关于天津等五省（市）城镇建设用地增加与农村建设用地减少相挂钩第一批试点的批复》（国土资函〔2006〕269 号），正式在天津等五省（直辖市）开展增减挂钩试点工作。11 月 20 日，国土资源部规划司提请《关于请修改完善第二批城镇建设用地增加与农村建设用地减少相挂钩试点项目区实施规划的函》（国土资规函〔2006〕100 号），由于首批试点工作中存在诸多问题，所以，第二批试点工作暂时搁浅。

为妥善处理试点过程中出现的新情况、新问题，2007 年 7 月 13 日，国土资源部印发《关于进一步规范城乡建设用地增减挂钩试点工作的通知》（国土资发〔2007〕169 号），强调要 "严格规范管理，扭转片面追求周转指标规模等倾向，防止大拆大建、侵害农民权益等行为" "要从严控制挂钩试点的范围，试点必须经部批准，未经批准不得擅自开展。要严格按照部批复的省级挂钩试点工作总体方案及下达的挂钩周转指标总规模，合理确定挂钩试点项目区。不得随意扩大试点范围，不得擅自突破规划，不得突破周转指标规模"。在总结试点经验的基础上，为进一步规范试点工作的开展，2008 年 6 月 27 日，国土资源部印发《城乡建设用地增减挂钩试点管理办法》（国土资发〔2008〕138 号），对增减挂钩试点工作做了更为系统、全面的规定。同时期，下达了包括天津等在内的第二批试点省份的增减挂钩周转指标。

在试点初期，试点单位及试点项目区均直接由国土资源部批准、指导和管理。随着试点深入和试点规模的扩大，在总结试点经验的基础上，自 2009 年起，国土资源部改变了试点工作的批准和管理方式，将增减挂钩试点纳入土地利用年度计划管理，挂钩周转指标成为国土资源部下达各省级政府年度计划指标的内容，相应的，试点项目区的批准和管理交由省级政府负责。

自 2006 年开展试点以来，增减挂钩试点范围和规模不断扩大。2006 年，国土资源部批准开展第一批增减挂钩试点，确定天津、江苏、山东、湖北和四川为第一批试点省份，下达周转指标 7.38 万亩❶。此前，天津、浙江、江苏、安徽、山东、湖北、广东、四川 8 省（直辖市）于 2005 年向国土资源部申请开展试点工作。2008 年，国土资源部印发《城乡建设用地增减挂钩试点管理办法》的同时，以项目区备选方式下达了第二批试点，约 15.37 万亩，试点省份增加至 14 个。2009 年，国土资源部按照 "把权力和责任真正放下去，把服务和监管切实抓起来" 的总体改革思路，调整了增减挂钩试点管理方式。2009 年，分两批下达挂钩周转指标 40.28 万亩；2010 年，下达挂钩周转指标 30.90 万亩，试点省份达 27 个，试点规模进一步扩大。2011 年和 2012 年分别下达挂钩指标 90.00 万亩，试点省份扩大到除新疆和西藏以外的 29 个省份。

回顾 2004—2010 年这一阶段，增减挂钩政策的演变总体上呈现既有国土资源部开展的国家试点，也有地方政府在试点之外自行或 "搭车" 开展的城乡土地置换试验。针对增减挂钩中出现的突出问题，2010 年 12 月，国务院印发《关于严格规范城乡建设用地增减挂钩试点切实做好农村土地整治工作的通知》（国发〔2010〕47 号），明确要求 "在推进农村新居建设和危房改造及小康示范村建设等工作中，凡涉及城乡建设用地调整使用的，必须纳入增减挂钩试

---

❶ 1 亩 ≈ 666.67 平方米。

点""未经批准不得擅自开展试点或扩大试点范围""严禁擅自开展建设用地置换、复垦土地周转等'搭车'行为""严禁突破挂钩周转指标设立挂钩项目区，严禁项目区跨县级行政区域设置，严禁循环使用周转指标""未批准开展增减挂钩试点的地区，不得将农村土地整治节约的建设用地指标调剂给城镇使用""严禁以整治为名，擅自突破土地利用总体规划和年度计划，扩大城镇建设用地规模"。

国发〔2010〕47号文件以行政法规的形式清晰明示增减挂钩政策的两个要点：一是凡涉及城乡建设用地调整使用的，均须统一纳入增减挂钩的政策框架，各地不得在增减挂钩政策之外，另行开展其他任何形式的城乡建设用地置换、周转；二是凡开展城乡建设用地增减挂钩的，挂钩规模必须控制在国家下达的挂钩周转指标范围以内，各地不得突破挂钩周转指标设置增减挂钩项目区。2011年2月，国土资源部印发《城乡建设用地增减挂钩试点和农村土地整治清理检查工作方案》（国土资发〔2011〕22号），开始对增减挂钩试点以及各地在试点之外开展的城乡建设用地置换、调整使用的行为进行全面清理检查，明确提出在试点之外继续进行城乡建设用地置换和复垦土地周转的，一律停止实施。2011年11月底，国土资源部会同中央农村工作领导小组办公室等其他部门联合开展的清理检查工作全面完成。

2014年年初，财政部印发《关于城乡建设用地增减挂钩试点有关财税政策问题的通知》（财综〔2014〕7号），对增减挂钩建新地块出让收入、节余指标流转收入及拆旧复垦支出，实行"收支两条线"管理。

第三节　城乡建设用地增减挂钩政策规范发展阶段（2014年至今）

在国发〔2010〕47号文件等相关政策文件的规范下，城乡建设用地增减挂钩试点工作有序推进，且实施力度不断加大，其中，2013—2015年每年下达增减挂钩周转指标90万亩。城乡建设用地增减挂钩政策在实践中得到新的发展。

一、明确城乡建设用地增减挂钩属于土地用途管制中的流量管理范畴

2014年9月12日，国土资源部印发《关于推进土地节约集约利用的指导意见》（国土资发〔2014〕119号），提出在确保城乡建设用地总量稳定、新增建设用地规模逐步减少的前提下，逐步增加城乡建设用地增减挂钩、工矿废弃

地复垦利用等流量指标，统筹保障建设用地供给。明确建设用地流量供应，主要用于促进存量建设用地的布局优化，推动建设用地在城镇和农村内部、城乡之间合理流动。要求各地要探索创新"以补充量定新增量、以压增量倒逼存量挖潜"的建设用地流量管理办法和机制，合理保障城乡建设用地，促进土地利用和经济发展方式转变。

在地方实践中，上海市的"198 区域"（具体指位于规划产业区和规划集中建设区以外、面积约 198 平方千米的现状工业用地）减量化，是探索建设用地流量管理办法和机制的一种尝试。2014 年 2 月 22 日，上海市人民政府印发《关于进一步提高本市土地节约集约利用水平若干意见》（沪府发〔2014〕14号），在部署存量建设用地优化利用方面明确提出"以土地综合整治为平台，编制实施郊野单元规划，推动集中建设区外的现状工业用地（即'198'区域）减量化，重点实施生态修复和整理复垦"。2015 年 2 月 4 日，上海市规划和国土资源局联合市发展改革委、市财政局、市经济信息化委印发《关于本市推进实施"198"区域减量化的指导意见》（沪规土资综〔2015〕88 号），要求实行集建区外减量化与集建区内增量化挂钩，把"198"区域工业用地减量化作为减量化工作的重点，同时设定 2015—2017 年减量 20 平方千米、至 2020 年减量 40~50 平方千米的目标。2015 年 3 月 11 日，上海市规划和国土资源局联合市财政局印发《"198"区域减量化市级资金补助实施意见》（沪规土资综〔2015〕173 号），为减量化工作的实施配套 20 万元/亩的市级补助资金。另外，各区也出台了减量化实施方案及财政补贴等相关文件，全力配合"198"区域减量化行动。

二、从试点向全面推广转变

2016 年 2 月 6 日，国务院印发《关于深入推进新型城镇化建设的若干意见》（国发〔2016〕8 号），首次提出"总结完善并推广有关经验模式，全面实行城镇建设用地增加与农村建设用地减少相挂钩的政策"。新一轮《全国土地整治规划（2016—2020 年）》提出"有序开展城乡建设用地增减挂钩，整理农村建设用地 600 万亩，城乡土地利用格局不断优化，土地利用效率明显提高"的目标。

三、按项目区管理的挂钩方式开始转变

2015 年 11 月，中共中央政治局审议通过的《中共中央 国务院关于打赢脱贫攻坚战的决定》提出"利用城乡建设用地增减挂钩政策支持易地扶贫搬迁"

"在连片特困地区和国家扶贫开发工作重点县开展易地扶贫搬迁，允许将城乡建设用地增减挂钩指标在省域范围内使用。"随后2016年2月，国土资源部印发《关于用好用活增减挂钩政策积极支持扶贫开发及易地扶贫搬迁工作的通知》（国土资规〔2016〕2号）❶，规定集中连片特困地区、国家扶贫开发工作重点县和开展易地扶贫搬迁的贫困老区开展增减挂钩的，可将增减挂钩节余指标在省域范围内流转使用，并实行项目区分别管理，即产生节余指标的县（市）可将拆旧复垦地块和本县域内的建新安置地块组成项目区，编制项目区实施方案，并在方案中说明产生节余指标规模等情况，使用节余指标建新的县（市）可单独编制建新实施方案，详细说明节余指标来源。产生节余指标县（市）的项目区实施方案和使用节余指标县（市）的建新实施方案，可按照规定分别报备。

2016年11月，国务院印发《"十三五"脱贫攻坚规划》，重申实施增减挂钩支持易地扶贫搬迁这一超常规政策。2017年4月，国土资源部印发《关于进一步运用增减挂钩政策支持脱贫攻坚的通知》（国土资发〔2017〕41号），要求"各省（区、市）要加强对增减挂钩项目和节余指标流转的监管，规范节余指标流转交易，同时综合考虑区域发展实际，搭建平台，牵线搭桥，为贫困地区节余指标流转创造条件"，提出"各省（区、市）在编制下达土地利用计划时，应实行增量和存量用地统筹联动，适当减少节余指标流入地区新增建设用地安排，经营性用地尽量要求使用增减挂钩指标，以提高增减挂钩节余指标收益"。

2017年9月，中共中央办公厅、国务院办公厅印发《关于支持深度贫困地区脱贫攻坚的实施意见》，对深度贫困地区脱贫攻坚工作做出全面部署，指出"三区三州"（西藏、四省藏区、南疆四地州和四川凉山州、云南怒江州、甘肃临夏州），以及贫困发生率超过18%的贫困县和贫困发生率超过20%的贫困村是脱贫攻坚中的硬骨头，补齐这些短板是脱贫攻坚决战决胜关键之策。要求加强教育扶贫、就业扶贫、基础设施建设、土地政策支持和兜底保障工作，打出政策组合拳。为深入落实该文件精神，以更大力度精准支持深度贫困地区脱贫攻坚，2017年11月，国土资源部印发《关于支持深度贫困地区脱贫攻坚的意见》（国土资规〔2017〕41号）指出，深度贫困地区建设用地，涉及农用地转用和土地征收的，在做好补偿安置前提下，可以边建设边报批；涉及占用耕地的允许边占边补，确实难以落实占优补优、占水田补水田的，可按补改结合方式落实，并按用地审批权限办理用地手续；规定深度贫困地区开展增减挂钩，可不受指标规模限制，超过国家下达部分，经省级国土资源主管部门核定后报

---

❶ 该文件有效期5年。

国土资源部追加认定；支持深度贫困地区因地制宜保护耕地，允许在不破坏耕作层的前提下，对农业生产结构进行优化调整，仍按耕地管理。2017年12月6日，国土资源部召开新闻发布会，明确东西部扶贫协作和对口支援省份之间可以流转交易增减挂钩节余指标，相关省份优先安排深度贫困地区增减挂钩节余指标交易。

为规范开展深度贫困地区城乡建设用地增减挂钩节余指标跨省域调剂，2018年3月10日，《国务院办公厅关于印发跨省域补充耕地国家统筹管理办法和城乡建设用地增减挂钩节余指标跨省域调剂管理办法的通知》（国办发〔2018〕16号）明确"三区三州"及其他深度贫困县城乡建设用地增减挂钩节余指标由国家统筹跨省域调剂使用。国办发〔2018〕16号文件规定，经国务院同意国土资源部将跨省域调剂节余指标任务下达有关省（自治区、直辖市），后者可结合本地区情况，将跨省域调入、调出节余指标任务明确到市、县；财政部统一收取帮扶省份调剂资金，统一拨付深度贫困地区所在省份。调剂资金支出要优先和重点保障产生节余指标深度贫困地区的安置补偿、拆旧复垦、基础设施和公共服务设施建设等。要求节余指标跨省域调剂涉及规划耕地保有量、建设用地规模调整以及耕地质量变化情况的，实行台账管理，并在新一轮土地利用总体规划编制时统筹解决。建立节余指标调剂监管平台，拆旧复垦安置方案和建新方案应实时备案，做到上图入库、数量真实、质量可靠，确保拆旧复垦安置和建新精准落地。

为规范推进城乡建设用地增减挂钩节余指标跨省域调剂工作，根据国办发〔2018〕16号文件的相关规定，2018年7月，《自然资源部关于印发〈城乡建设用地增减挂钩节余指标跨省域调剂实施办法〉的通知》（自然资规〔2018〕4号）对节余指标调剂任务的具体落实、节余指标使用及指标调剂监测监管等做出相应规定。

第二章　城乡建设用地增减挂钩政策实施模式

本章对 2004 年以来城乡建设用地增减挂钩试点的基本做法和经验进行了总结，在此基础上，梳理城乡建设用地增减挂钩的政策组合模式。

第一节　试点地区的基本做法与经验

从 2004 年国务院 28 号文件开始，增减挂钩政策在 29 个省份（除西藏、新疆以外）试点已实施十几年，历经十几年的探索和试验，各地形成了一些行之有效的做法，积累了很多好的经验。归纳起来有七个方面。

一、突出规划引领

试点省份积极组织开展专项调查，以土地利用总体规划和城市总体规划为依据，结合农业发展、村镇建设等规划，编制挂钩专项规划及项目区实施方案，统筹安排增减挂钩试点规模、布局和时序，有序推进增减挂钩试点工作。

二、重视组织领导

各地高度重视增减挂钩试点工作，建立了由政府领导，自然资源主管部门牵头，发展改革、财政、住建、农业等多部门参与的挂钩试点工作机制，协调解决重大问题，统筹推进试点工作。同时，各试点省份结合实际，相继出台了规范性管理文件，为推进试点工作提供了制度保障。

三、切实维护农民利益

大多数试点地区注重尊重农民意愿、维护农民权益，在旧房拆迁、安置补偿、新居建设、土地互换和复垦用途确定等方面，广泛征求农民和农村集体经济组织意见，保障农民的知情权、参与权、决策权和监督权，提高项目实施的透明度。

四、探索多元资金投入渠道

试点项目实施需要大量资金保障，为确保项目区资金投入，各试点省（自治区、直辖市）积极拓宽资金筹集渠道。主要有以下五种渠道：①财政投入；②整合涉农资金；③金融借贷；④引入社会资本；⑤农民自筹。

五、确保复耕质量

试点省（自治区、直辖市）及时足量拆旧复耕，许多省份出台了拆旧复垦政策措施，确保项目实施后耕地面积不减少、质量不降低。

六、强化项目管理

建立增减挂钩工作良性循环机制，一些地方推行"先垦后用"模式，实行"独立建库、单列考核、封闭运行"。引入监督机制，制定监督政策，实行项目实施的全过程监督管理，确保项目实施的公平、公正、公开、透明性。

七、坚持城市反哺农村

试点地区采取现金、住宅、费用减免、社会保障等多种形式安置项目区农民，将增减挂钩指标调剂所得净收益用于改善农民生产生活条件，让农村分享增减挂钩带来的实惠，让农民真正安居、乐业、有保障。

第二节　政策实施的主要模式

根据增减挂钩方式的不同，我国城乡建设用地增减挂钩政策实施大致形成了三大代表性模式，即项目化管理模式、特许经营模式和地票交易模式。

一、项目化管理模式

增减挂钩政策实施的项目化管理模式，是指以实施增减挂钩项目的方式贯彻增减挂钩政策。这一模式的主要规定性文件包括国土资发〔2008〕138 号、国发〔2010〕47 号及财综〔2014〕7 号文件。该模式的运行特征主要包括五个方面。

（1）周转指标总量控制。各地开展城乡建设用地增减挂钩的规模，必须控制在国家下达的挂钩周转指标范围内。自2009年起，挂钩周转指标被纳入土地利用年度计划指标之列，由中央通过土地利用年度计划向各省（自治区、直辖市）下达城乡建设用地挂钩周转指标，省级政府再逐级分解分配给项目区。挂钩周转指标作为项目区用地布局调整、空间腾挪的预借指标，专项用于控制挂钩项目区建新地块的规模，不得作为年度新增建设用地计划指标使用。周转指标应在规定时间内用拆旧地块整理复垦的耕地面积归还。项目区内拆旧地块整理复垦的耕地面积归还周转指标尚有剩余的，其余额可用于项目区外的建设占用耕地占补平衡，但不得作为区外新增建设用地指标使用。

（2）拆旧区和建新区对应设置。所谓增减挂钩，是指项目区内建新地块占用耕地和拆旧地块复垦耕地的挂钩。城乡建设用地增减挂钩实行按项目区管理的制度。划定建新拆旧项目区，应以土地利用总体规划和挂钩专项规划为依据，须使建新地块（建新区）与拆旧地块（拆旧区）等面积、对应设置。项目区一般在县级行政辖区内设置，优先考虑城乡接合部。按项目区管理，一方面有利于实现项目区内以城带乡、以工促农、城乡统筹和一体化发展；另一方面限定了增减挂钩的空间尺度，增强了增减挂钩政策的可操作性、风险的可控性和效果的可检验性。

（3）整体审批。整体审批是"按项目区管理"的逻辑延伸。省级政府在挂钩周转指标规模内，对辖区内挂钩项目区实施规划和建新拆旧整体审批，不再单独办理项目区内的农用地转用审批手续。未经整体审批的项目区，不得使用挂钩周转指标。项目区建新地块要按照国家供地政策和节约集约用地要求供地和用地。项目区确需征收的集体土地，应依法办理土地征收手续。

（4）收支两条线管理。增减挂钩政策隐含的一个思路是发挥级差地租杠杆作用，通过显化和利用城乡建设用地级差收益，筹集项目区内拆旧安置复垦所需资金。按照城市反哺农村、工业反哺农业的要求，建新地块土地出让收入可以用于项目区内土地整理复垦、还建住宅建设、农民安置补偿，以及农村基础设施建设、支持农村集体发展生产和农民改善生活条件等。国土资发〔2007〕169号文件、国土资发〔2008〕138号文件均指出要按照城市反哺农村、工业反哺农业政策，建新地块有偿供地的收益要按比例返还农村，优先支持农村集体发展生产和农民改善生活条件，国发〔2010〕47号文件要求土地增值收益必须及时全部返还农村。

财综〔2014〕7号文件明确，增减挂钩中的土地收益及使用实行"收支两条线"管理：建新地块形成的土地出让收入（包括利用增减挂钩节余指标供应土地形成的土地出让收入）就地全额缴入国库，不得随意减免或返还相关收入；拆旧区各类支出项目中包括农村居民住宅等拆迁补偿所需费用、新建农村居民安置住房所需费用、各项公共基础设施建设支出、拆旧地块复垦费用等，涵盖增减挂钩工作所需的各项开支，则在土地出让收入使用预算中安排，各项资金的拨付时间要与项目实施进度保持一致。

（5）政府主导。无论是拆旧区土地复垦整理、农民补偿安置，还是建新区建设、土地收益分配和使用等，均须以行政协调机制为主。这些活动虽然可以引入市场机制予以辅助，但无法离开政府的主导。增减挂钩政策的实施效果，在很大程度上取决于相关地方政府的行政能力和水平。

二、特许经营模式

近年来，天津市经济社会快速发展，尤其随着滨海新区的开发开放，近郊大量农民已脱离农业生产，村庄的传统功能在逐步消失，加快农村城镇化进程已成为加快现代化建设的重大战略性任务。2005 年 10 月，天津市政府印发《关于同意在华明镇实施以宅基地换房开展示范小城镇建设工作的批复》（津政函〔2005〕108 号），以"宅基地换房"推进小城镇建设工作正式启动。2006年 4 月，天津市获得国土资源部批准，成为我国城乡建设用地增减挂钩第一批试点单位，"宅基地换房"被纳入增减挂钩政策框架。

城乡建设用地增减挂钩的特许经营模式，或者称为公司化经营模式，以天津市"宅基地换房"为典型代表。与中央政府在全国推动的项目化管理模式不同的是，天津市"宅基地换房"没有施行"收支两条线"，而是成立项目公司，以建新区拟出让地块作价注入项目公司，以特许经营方式，实现拆旧区补偿安置复垦与建新区地块出让收益之间的资金平衡。具体而言，所谓天津市"宅基地换房"模式（图 2-1），是将增减挂钩政策与快速推进农村城镇化相结

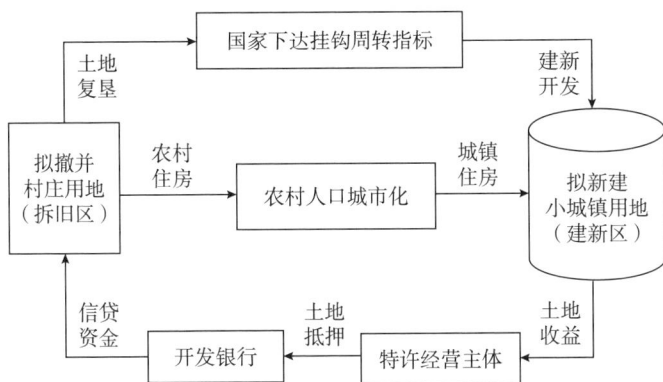

图 2-1　"宅基地换房"模式运行机制

合，在区、县级行政辖区内设立建新拆旧项目区，农民用自己的宅基地，按照规定的置换标准无偿换取小城镇中的一套住宅，迁入小城镇居住。同时，由村、镇政府组织对农民原有的宅基地统一整理复垦为耕地，以此弥补新建住房和其他建设占用的耕地，确保耕地总量不减少、建设用地不增加。规划建设的新型小城镇，除了规划农民住宅小区外，还规划出一块可供市场开发出让的土地，并以土地出让获得的收益实现示范小城镇建设资金的自我平衡。

总体而言，天津市"宅基地换房"模式与国家试点模式的最大不同之处在土地收益分配使用的管理流程上，其没有按照由政府先垫付启动资金用于拆旧复垦和安置区建设、建新出让收入统一纳入国库，再按预算逐项支出的路径来运作，而是由特许经营主体先以未来建新土地出让收入向银行等金融机构贷款获得融资，再进行拆旧复垦和安置区建设，待建新区土地出让后，所得出让金用于偿还前期贷款。

具体分析，天津市"宅基地换房"模式的运行机制及特征体现在四方面。

（1）在项目区内实现农村人口和土地的同步城镇化。将城乡建设用地增减挂钩作为加快推进农村城镇化的重大政策抓手，促进农村人口和土地的同步城镇化，这是天津市"宅基地换房"模式的核心特点。天津市依据城市总体规划、土地利用总体规划和增减挂钩专项规划，将拟复垦为耕地的村庄用地划为拆旧区地块，将拟新建小城镇用地划为建新地块，由拆旧区和建新区共同组成"宅基地换房"项目区。项目区建新拆旧实行整体审批，建新地块占用农用地不单独办理农用地转用审批手续，但依法征收为国有土地。通过"宅基地换房"，一方面，项目区拟撤并村庄的农业人口迁至示范小城镇居住，实现农村人口的异地城镇化；另一方面，拟撤并村庄的建设用地复垦为耕地，城镇建新区建设占用等面积农用地，实现原村庄用地的土地用途的空间位移和异地城镇化、国有化。

（2）行政主导"建新—拆旧"全过程。总体上，天津市"宅基地换房"是在农民自愿的基础上开展的，只有经95%以上村民同意并提交宅基地换房申请，"宅基地换房"项目才能开展，且须依法进行层层签订协议：村民与村委会签订换房协议，村委会与镇政府签订换房协议，镇政府与开发建设投资机构签订总体换房协议❶。区县一级政府大多以经营性建设用地作价作为项目资本金，组建小城镇开发建设投资有限公司，使其作为"宅基地换房"项目的特许经营主体。

（3）以土地用途置换为杠杆撬动财产流转。天津市"宅基地换房"涉及多层次置换关系，其中，最主要的有两个层次：一是土地用途置换关系，这一

---

❶　参见《关于示范小城镇建立规范的群众工作机制的指导意见》（津发改区县〔2009〕44号）。

层次关系涉及政府的土地用途管制公权力，具体表现为增减挂钩管制权，即将项目区拆旧地块的现状——农村建设用地复垦转换为耕地，建新区现状——农用地转换为建设用地，项目区内耕地总量不减少、建设用地总量不增加，实现拆旧地块和建新地块土地用途的互换和变更。二是财产流转关系，这一层次关系本质上应属于商品等价交换的范畴，即农民放弃农村住房（宅基地使用权及农村房屋所有权），换取小城镇开发建设投资有限公司新建的回迁安置住房（建筑物区分所有权及国有建设用地使用权）。

在实际操作层面，天津市"宅基地换房"在外观上表现为单纯的房屋置换，例如，以首批试点的东丽区华明镇为例，政府根据房屋普查情况将村民房屋分为主房和附房，原则上1平方米农村主房置换1平方米城镇商品房，每2平方米农村附房可置换1平方米城镇商品房。但是，通过对"宅基地换房"两个层次置换关系的分析不难发现：在挂钩周转指标的控制下，地方政府以增减挂钩管制权为杠杆撬动财产流转，土地用途置换关系是"宅基地换房"最核心的关系，主导着"宅基地换房"财产流转关系的展开和运行。

（4）引入抵押贷款弥补土地级差收益的时间差。在天津市"宅基地换房"中，建新区土地征收为国有土地后，规划为还迁村民住宅用地和公共配套设施用地的，采取划拨方式供地；规划为经营性用地的，采取"招拍挂"的方式出让，土地出让收入用于项目区的"建新—拆旧"支出。通常，"宅基地换房"项目批准后需要启动资金，但土地出让收入通常在项目后期才能实现，所以，项目启动及实施的资金支出与土地出让收益的资金流入之间必然出现时间差。2008年7月，在东丽区华明镇试点经验的基础上，天津市发展和改革委员会印发《关于示范小城镇试点建立规范的投融资建设平台的指导意见》（津发改区县〔2008〕456号），提出了"宅基地换房"投融资平台及其机制和体制建设的规范意见。根据该指导意见，试点区县以经营性用地出让收益权为抵押向国家开发银行申请贷款，筹集"建新—拆旧"所需资金，贷款到期再以土地出让收入偿还贷款，由此形成一套"政府引导，市场运作，统筹安排，自我平衡"的投融资新体制。

通过"宅基地换房"，天津市城乡建设用地集约利用水平得到提高。以第一个试点为例，东丽区华明镇原12个村共有宅基地12071亩，建设新城镇需占用耕地8427亩，其中，规划农民住宅占地3476亩，用于农民还迁住宅和公共设施的建设；其余4951亩耕地，则规划为经营性开发用地，通过"招拍挂"方式出让，出让收益用于农民还迁住房及社区整体配套设施建设和偿还建设资金贷款。对农民腾出的宅基地复耕，不但实现建设占用耕地的占补平衡，而且净增耕地30%。小城镇建设所需的资金最初测算需37亿元左右，后来又追加一些项目，实际总投资接近50亿元；建新区经营性开发用地全部出让，出让收益达 50 多亿元，完全实现资金的平衡，并略有盈余。2008 年 4 月，东丽区华明镇在全国 87 个城市 106 个参选项目中，成功入选 2010 年上海世博会城市最佳实践展区，成为闻名全国的农村城镇化典范。

"宅基地换房"这一模式，是在天津市小城镇建设规模小、密度低，农村土地利用效率较为低下的情况下发展起来的，适用范围较窄。上海市小昆山镇宅基地置换等，也属于天津市"宅基地换房"模式的范畴。这一模式，适宜开发在大城市周边的小城镇，在土地升值空间比较大的城乡接合部地区推广和运用。但是，这一模式存在将城乡建设用地增减挂钩演变成房地产开发、损害农民权益的潜在风险。

三、地票交易模式

2007 年 6 月，重庆市经国家发展改革委批准成为全国统筹城乡综合配套改革试验区。作为集大城市、大农村、大库区、大山区和民族地区于一体的典型地区，如何破解城乡土地二元体制，建立城乡统一的土地市场，以土地流动带动人口、劳动力和资金等社会资源在城乡空间上大规模重组、集聚和集中，是重庆市统筹城乡发展面临的重大课题。2008 年 12 月，重庆市在全国设立首个农村土地交易所——重庆农村土地交易所，以地票为媒介开展城乡建设用地在全市范围内的置换。

所谓重庆地票模式，是重庆市将城乡建设用地增减挂钩与城乡统筹发展相结合而形成的挂钩模式（图 2-2），即在符合土地利用总体规划的前提下，将农村闲置建设用地整理复垦为耕地，将净增加的耕地面积核定确认为地票，并通过地票市场出售给开发商，在城镇扩展边界范围内相应增加等量建设用地，实现城乡建设用地增减挂钩。

重庆地票交易的运行机制如下：

（1）地票的生成。地票的生成须经过土地复垦立项、项目实施、项目验

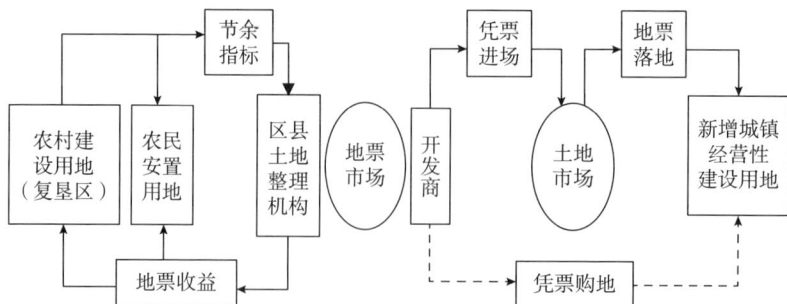

图 2-2 地票交易模式运行机制

收、核发地票四个过程❶。土地权利人（包括农户、农村集体经济组织及拥有土地权属的其他主体）自愿申请，并经项目所在地乡镇人民政府向区县（自治县）国土资源行政主管部门申报，经批准后纳入年度复垦计划并报市国土资源行政主管部门备案。土地权利人自行或委托具有复垦能力的机构，按照复垦规定组织实施复垦。在土地复垦完成后，区县国土资源行政主管部门组织项目竣工验收。验收合格后，由区县（自治县）国土资源行政主管部门核发建设用地整理合格证。建设用地整理合格证应记载土地权利人信息、复垦项目新增农用地面积、新增耕地面积及等别、减少的建设用地面积、农村发展留用面积、剩余可使用面积等信息。其中，剩余可使用面积是复垦减少的建设用地面积扣除农村发展留用面积之后的面积，是土地权利人用于申请地票交易的面积。

（2）地票交易及其调控。地票交易通过农村土地交易所面向社会进行公开交易，不得进行场外交易。地票购买者可以是一切农村集体经济组织、法人或其他组织，以及具有独立民事能力的自然人。地票交易有初次交易和转让两种类型。其中，取得建设用地整理合格证备案号后，权利人可以申请初次交易；购得地票超过 2 年，或者因地票质权人行使质权的，权利人可以申请地票转让。地票交易实行最低保护价格制度，地票交易起始价格不得低于该价格。采取挂牌或者拍卖方式进行地票交易的，申请购买人可以单独申请购买地票，也可以联合申请购买地票。

重庆市人民政府对地票市场实行宏观调控，根据国家下达的年度新增建设用地指标计划、经营性用地需求等情况调控地票市场。

（3）地票的使用及调控。地票可以在土地利用总体规划确定的有条件建设区内使用，增加建设用地规划空间。其中，新增经营性建设用地（含商业、旅游、娱乐、商品住宅等用地）办理农用地转用手续的，必须使用地票；其他新增建设用地也可以使用地票办理农用地转用手续；另外，2009 年 1 月 1 日后，使用新增建设用地计划指标办理用地手续，但至今还未供应的经营性建设用地（包括商业、旅游、娱乐、商品住宅等用地），应当在土地出让时补充使用地票，补充使用地票面积按拟出让经营性建设用地红线内的新增建设用地（原农用地和未利用地）计算。

实行与地票使用数量挂钩、调控新增建设用地指标的差异化政策。自 2016 年 1 月 1 日起，按实际使用地票数量 25% 的比例，对城市发展新区各区县分别配给新增建设用地指标和建设用地规划空间指标；按实际使用地票数量 50% 的比例，对渝东北生态涵养发展区、渝东南生态保护发展区各区县分别配给新增建设用地指标和建设用地规划空间指标。同时，都市功能核心区、都市功能拓

❶　参见《重庆农村土地交易所管理暂行办法》《重庆市农村建设用地复垦项目管理规定（试行）》《重庆市地票管理办法》《重庆农村土地交易所地票交易规则》《重庆市地票资金管理办法》等。

展区范围内的新增经营性建设用地，应按新增建设用地面积提供等量地票，城市发展新区、渝东北生态涵养发展区、渝东南生态保护发展区范围内的新增经营性建设用地，应按新增建设用地面积提供等量的地票或提供等量按差异化使用地票政策配给本区县的新增建设用地指标。

地票持有人可以"持票进场"。所谓"持票进场"，指重庆市国土资源行政主管部门规定的，对于经营性用地，政府不再安排使用年度新增建设用地计划指标，开发商须持地票方有资格进场参与土地"招拍挂"。"持票进场"创造和保障了地票市场的有效需求。

（4）地票的收益分配。一方面，对地票购买方而言，地票落地时，地票取得成本（包括地票成交价款、缴纳的税费、财务成本等）可以计入土地出让成本；使用地票办理农用地转用手续的，无须缴纳耕地开垦费和新增建设用地土地有偿使用费。另一方面，对地票权利人而言，重庆农村土地交易所设立地票资金专户，实行专账专款管理：在按规定将已成交地票对应的复垦成本分别拨付至重庆市农村土地整治中心、区县（自治县）国土资源行政主管部门指定的银行账户后，所剩余的地票净收益依复垦的建设用地类型来具体分配：①宅基地及其附属设施复垦的，附属设施地票净收益归村集体经济组织所有，宅基地地票净收益视其面积及证载面积而定，基本上按农户85%和村集体15%的比例进行分配；②村集体建设用地复垦的，地票净收益全部归村集体经济组织所有；③其他集体建设用地复垦的，按权利双方约定分配，其中，农村集体经济组织不得低于15%；④国有建设用地复垦的，地票净收益归土地使用权人。另外，地票转让交易的，所得地票价款全部归转让人。

2008—2016年，重庆市地票交易情况如图2-3所示。

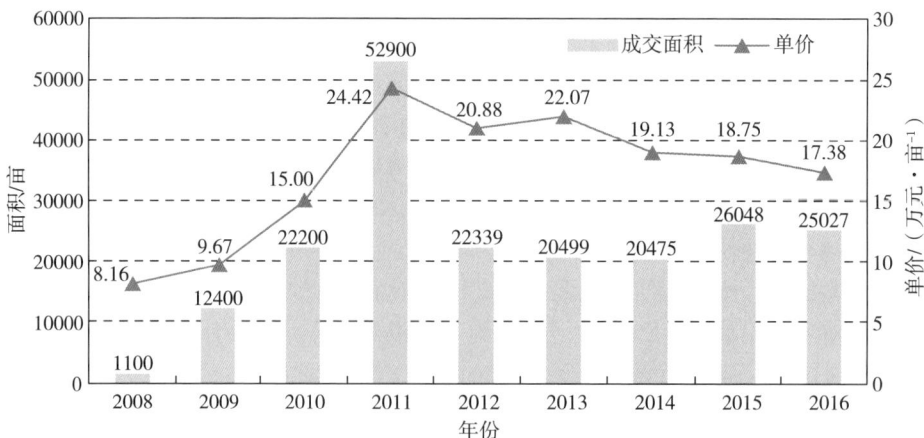

图2-3　2008—2016年重庆市地票交易情况

数据来源：根据重庆农村土地交易所网站公布的《地票交易结果公告》汇总、计算而得

第三节　政策运用领域

各地积极探索增减挂钩具体实现形式，不仅聚焦前述农村建设用地整治这个核心内容，还将增减挂钩政策灵活运用于耕地连片、美丽乡村建设、扶贫开发、农村建设用地整治等不同领域，逐步形成了"增减挂钩+"的多元化运用格局（图2-4）。

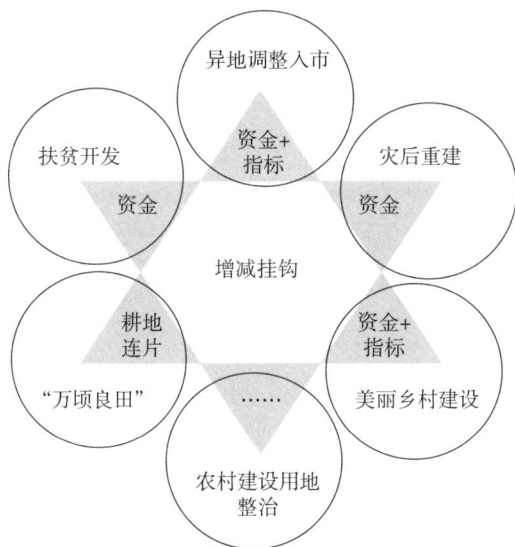

图2-4　"增减挂钩+"的多元化运用领域

一、增减挂钩+耕地集中连片化

（一）江苏省"万顷良田建设"工程

江苏省于2008年9月28日印发《江苏省"万顷良田建设工程"试点方案》（苏国土资发〔2008〕290号），将该工程项目定义为"依据土地利用总体规划、城镇规划，按照城乡统筹发展、加快社会主义新农村建设的要求，以土地开发整理项目为载体，以实施城乡建设用地增减挂钩政策为抓手，通过对田、水、路、林、村进行综合整治，增加有效耕地面积，提高耕地质量；将农村居民迁移到城镇，节约集约利用建设用地；建成大面积、连片的高标准农田，优化区域土地利用布局，实现农地集中、居住集聚、用地集约、效益集显目标的一项系统工程"。提出"至 2010 年,建成高标准农田 2 万公顷以上,新增耕地面积 600 公顷以上。形成一批集中连片、基础设施配套的高标准农田,为现代农业的发展提供良好的平台,有效改善农民的生活水平和生活质量"。"工程中对建设用地复垦形成的耕地和农用地,可等面积用于安置农民的住房建设和基础设施建设,节余部分可统筹用于城镇建设。挂钩指标的管理、使用、归还等参照城乡建设用地增减挂钩有关文件规定执行。"

截至 2010 年,江苏省共实施"万顷良田建设工程"项目区 47 个,涉及全省 13 个省辖市的 42 个县(区),投资总额超过 360 亿元,从总量上看,将近 50 个地区的工程建设规模达到 6 万公顷,已经建成的集中连片高标准农田达 4.33 万亩(上官彩霞等,2016;李阔,2014),基本完成 2008 年预期目标。此后,江苏省的"万顷良田建设工程"一直以试点的形式在持续开展。相关资料显示,截至 2012 年 2 月,该工程涉及土地规模 98 万亩,计划新增耕地 16 余万亩。徐州市睢宁县古邳万亩良田工程,2014 年 10 月开工,2015 年 3 月完成总工程量的 80%,工程完成后预计可新增耕地面积 44.24 亩。

(二) 结合点及联结方式

改革开放以来的家庭联产承包责任制形成了典型的小农经济,"房前菜地,房后粮地"的庭院景象在农村随处可见,耕地分散破碎、撂荒及基础设施损毁等问题制约了规模经济效应的发挥。江苏省"万顷良田建设工程"旨在通过土地整治,运用增减挂钩政策,将分散在农田中的建设用地复垦为耕地,以实现耕地的集中连片和规模化经营。通过"万顷良田建设工程"项目来实现耕地集中连片,这其中必然涉及农户宅基地、农村集体建设用地等的整治及复耕工作,而农村建设用地整治又涉及农户安置问题。零散建设用地的拆旧复垦是实现耕地集中连片的"必经之路",是"增减挂钩+耕地集中连片"的结合点所在。

国土资发〔2005〕207 号文件及国土资发〔2008〕138 号文件、国发〔2010〕47 号文件均有涉及"拆旧地块复垦耕地的数量、质量应不低于建新占用的耕地,并与基本农田建设和保护相结合""拆旧地块整理复垦耕地的数量、质量,应比建新占用耕地的数量有增加、质量有提高"等内容,城乡建设用地增减挂钩在线监管系统中也设有"拆旧地块复垦耕地面积和质量等级""实际建新占用耕地面积、质量等级"等考核指标。增减挂钩政策运用于"万顷良田建设工程",在实现农村建设用地减量化的既定目标后,更多是在耕地数量和质量保护层面上下功夫。在将增减挂钩政策与"万顷良田建设工程"叠加使用时,对增减挂钩政策实施中的复垦耕地质量管理工作提出了更高的要求。《江苏省"万顷良田建设工程"试点方案》明确"确保建设工程实施后,增加有效耕地面积,提高耕地质量"。

二、增减挂钩+美丽乡村建设

（一）四川省青杠树村"美丽乡村"建设

党的十八大报告提出"要努力建设美丽中国，实现中华民族永续发展"。2013 年中央一号文件提出了"加强农村生态建设、环境保护和综合整治，努力建设美丽乡村"的具体要求。农业部办公厅于 2013 年 2 月印发《关于开展"美丽乡村"创建活动的意见》（农办科〔2013〕10 号），对"美丽乡村"创建的总体思路、重点工作及组织落实等方面做出详细规定；农业部于 5 月印发《关于组织开展"美丽乡村"创建试点申报工作的通知》（农办科〔2013〕30 号），附具《农业部"美丽乡村"创建目标体系（试行）》。在总结以往成果、借鉴浙江省等地方经验的基础上，农业部科教司参与起草的《美丽乡村建设指南》（GB/T 32000—2015）国家标准于 2015 年正式发布实施，是我国美丽乡村建设中一项具有里程碑意义的重要事件。该国家标准将"美丽乡村"定义为"经济、政治、文化、社会和生态文明协调发展，规划科学、生产发展、生活宽裕、乡风文明、村容整洁、管理民主、宜居、宜业的可持续发展乡村（包括建制村和自然村）"，并规定了"美丽乡村"的村庄规划和建设、生态环境、经济发展、公共服务、乡风文明、基层组织、长效管理等建设要求。

四川省郫都区❶三道堰镇青杠树村是全国一村一品示范村、中国十大最美乡村、中国美丽休闲乡村、国家"4A"级旅游景区。青杠树村位于成都市郫都区三道堰镇东部，距市中心城区 17 千米，幅员 2.4 平方千米，辖 11 个村民小组，共有 932 户、2251 人。村内耕地共计 2065 亩，建设用地（主要是宅基地）573 亩，三面环水，渠系纵横，林盘众多，世代以传统农业为生，是个典型的川西农村。青杠树村灵活运用增减挂钩政策，"美丽乡村"建设取得显著成效。

2012 年 6 月，该村启动了村落改造建设，按照"小规模、组团式、生态化"的理念建聚居区，共建成 9 个组团农民新居，占地 211 亩。建新所需资金主要由村民自主组建的集体资产管理公司向成都农商行申请贷款获得，抵押物是集中居住以后腾退出的集体建设用地使用权。项目筹集资金 1.87 亿元，其中，1.45 亿元来自集体资产管理公司将节余的 305 亩集体建设用地抵押至银行所获的贷款，上级配套资金 0.3 亿元。项目节约的集体建设用地，以约 70 万元/亩的价格出让给开发商。

青杠树村结合成都市"一线一品"规划，采取第一、第三产业互动发展模式，主要发展城市近郊插花式景观农业、休闲观光农业和休闲旅游业。逐渐形

---

❶　2017 年 1 月，成都市郫县撤县设区，更名为郫都区。

成了"一三互动、以旅助农、多元增收"的产业发展模式。一是推进了农业产业化。通过组建农业合作联社,建设粮经基地3000余亩。通过与"问果"商城合作,建设线上线下销售渠道,预计可实现年产值2000余万元。二是发展了乡村休闲旅游业。青杠树村结合本村的自然禀赋、乡土风情等特点,充分利用得天独厚的自然亲水资源,打造休闲旅游、体育运动度假区,相继建成滨水生态湿地公园、景观牌坊、农耕博物馆、香草湖等观光景点,日均接待游客高达3000余人次,被誉为"美丽乡村第一村"。三是引进了高端产业项目。利用整理节约出的269亩集体建设用地,探索集体经营性建设用地流转和开发,规划建设一批现代农庄、休闲会所、乡村酒店和农业总部等第一、第三产业互动的产业项目。同时,能解决当地农民再就业问题。

（二）结合点及联结方式

作为社会主义新农村建设的升级版,"美丽乡村"创建活动旨在美化村庄、致富村民。"增减挂钩+美丽乡村建设"一并解决了美丽乡村建设的土地和资金两大难题:一是开展行政村全域土地综合整治,在保障耕地面积不减少的前提下,拆旧之后的土地整理以低效建设用地再利用为主,节余的建设用地指标也留在本村使用,满足了"美丽乡村"建设的用地需求;二是通过集中居住将节余的集体建设用地使用权抵押至银行获得相应贷款,再通过出让集体建设用地回流资金,偿还银行贷款,在集体建设用地上发展乡村旅游等朝阳产业,提高了农民收入,实现了村庄的繁荣昌盛。

"增减挂钩政策+美丽乡村建设"对拆旧地块的选址提出了相对严格的要求。"美丽乡村"建设需兼顾产业支撑、生态保护、文化传承、休闲观光等事项,类似于一个田园综合体,其重点不在于"拆"、而是在原有的基础上进行有特色的"修补"和"完善"。在将增减挂钩政策与"美丽乡村"叠加时,应尽量将那些具有民族气息、历史遗迹、文化韵味等特征鲜明的村庄予以保留。

三、增减挂钩+扶贫开发

（一）安徽省金寨县增减挂钩扶贫机制

中共中央于2015年起着力推进增减挂钩政策支持脱贫攻坚工作,相继印发《中共中央 国务院关于打赢脱贫攻坚战的决定》、《国务院关于印发"十三五"脱贫攻坚规划的通知》（国发〔2016〕64号）、《中共中央办公厅 国务院办公厅印发〈关于支持深度贫困地区脱贫攻坚的实施意见〉的通知》、《国务院办公厅关于印发跨省域补充耕地国家统筹管理办法和城乡建设用地增减挂钩节余指标跨省域调剂管理办法的通知》（国办发〔2018〕16 号）等政策文件。为深入贯彻落实增减挂钩超常规政策支持易地扶贫搬迁，大力支持深度贫困地区脱贫攻坚，原国土资源部陆续印发《关于用好用活增减挂钩政策积极支持扶贫开发及易地扶贫搬迁工作的通知》（国土资规〔2016〕2 号）、《关于进一步运用增减挂钩政策支持脱贫攻坚的通知》（国土资发〔2017〕41 号）、《关于支持深度贫困地区脱贫攻坚的意见》（国土资规〔2017〕10 号）等文件。2018 年 7 月，自然资源部印发《城乡建设用地增减挂钩节余指标跨省域调剂实施办法》，专门就节余指标跨省域调剂任务的具体落实、节余指标使用及指标调剂监测监管等做出规定。

安徽省金寨县是国家扶贫开发工作重点县。安徽省政府结合省情制定印发《安徽省城乡建设用地增减挂钩节余指标流转使用管理暂行办法》（皖国土资〔2016〕154 号）等文件。金寨县结合地方实际也适时印发了《金寨县农村宅基地腾退复垦资金管理暂行办法》《金寨县农村宅基地整治复垦验收办法》《金寨县农村宅基地复垦腾退建设用地指标使用管理暂行办法》等，形成了独特的增减挂钩扶贫机制（图 2-5）。

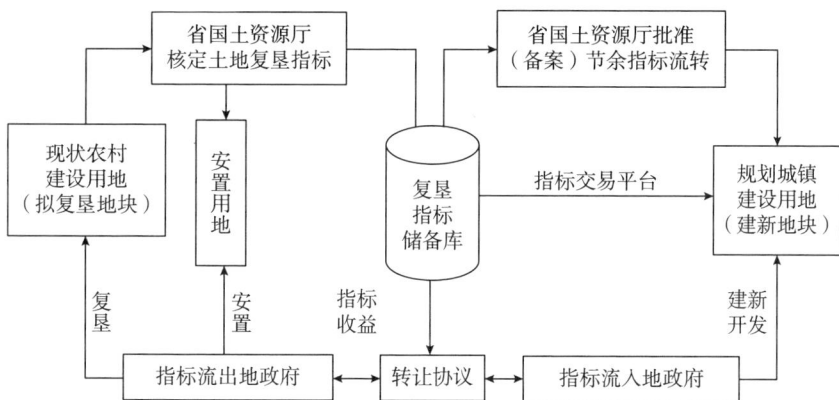

图 2-5　安徽省金寨县"增减挂钩+扶贫开发"运行机制

在安徽省金寨县挂钩扶贫中，拆旧复垦、安置、建新出让这"三区"分别编制规划方案、分别实施、分开管理。纳入指标库的复垦指标在确保优先用于保障县中心村庄和规划保留的自然村庄的农民建房、基础设施配套服务、非农产业集聚发展等用地需求之后，节余的建设用地指标可在省域范围内进行有偿调剂使用。

金寨县节余指标交易的双方分别是作为指标流出地的金寨县人民政府和作为指标流入地的其他市（县）人民政府，指标有偿调剂费也会相应由流入方政府财政转至流出方即金寨县财政专户，再由其将所得资金返还投入至拆旧复垦及安置建设等工作中。

（二）结合点及联结方式分析

扶贫脱贫工作最关键的问题在于资金短缺，"增减挂钩+扶贫开发"突破了国发〔2010〕47号文件中"严禁突破挂钩周转指标设立挂钩项目区，严禁项目区跨县级行政区域设置"等相关规定，贫困地区的挂钩节余指标可在省内甚至跨省流转，可以最大化地凸显级差地租收益，满足了扶贫开发工作的资金需求，大大提高了脱贫攻坚成效。

这里有两个方面的问题需要引起重视和关注：一是贫困地区的挂钩节余指标可在省内甚至跨省流转突破，这要求有相应的严格规范的操作流程和监管，尤其需要对节余指标的核定、交易办法、指标收益的使用等关键环节加以监管；二是一定要加强拆旧复垦地区的耕地质量验收管理，主要考虑贫困地区大部分位于中西部山区，耕地资源禀赋本身较差，而节余指标流入地均是东部沿海省份或经济发展水平较高的城市，这些地区的耕地质量普遍高于贫困地区，要切实防止在"一增一减"过程中导致耕地质量下降。

四、增减挂钩+集体经营性建设用地入市

（一）浙江省德清县农村集体经营性建设用地异地调整入市探索

2014年年底，中共中央办公厅、国务院办公厅印发《关于农村土地征收、集体经营性建设用地入市、宅基地制度改革试点工作的意见》，部署了集体经营性建设用地入市等改革试点工作安排。2015年2月，十二届全国人民代表大会常务委员会第十三次会议通过《关于授权国务院在北京市大兴区等33个试点县（市、区）行政区域暂时实施有关法律规定的决定》。2015年3月，国土资源部印发《农村土地征收、集体经营性建设用地入市和宅基地制度改革试点实施细则》（国土资发〔2015〕35号），农村土地制度改革正式拉开帷幕。

浙江省德清县是集体经营性建设用地入市制度改革15个试点地区之一，着力探索农村集体经营性建设用地异地调整入市，即农村集体经济组织可将零星、分散或不符合规划的集体经营性建设用地先行复垦，将复垦指标交易给其他集体经济组织，由受让方将复垦指标落地后再入市；也可以通过土地所有权调换，实现集体经营性建设用地的异地置换和集中入市。

以该县洛舍镇东衡村众创园为例，该众创园规划面积680亩，分A、B、C、D四个区块。其中，为集聚原分散在该村周边的钢琴制造企业，东衡村将A区块规划为"中国钢琴小镇"，占地面积68.56亩。东衡村股份经济合作社将村内不同自然村的零散废弃矿山复垦为耕地，将复垦指标集中调换到A区

块。2016 年 6 月，A 区块挂牌出让给包括德清德伦钢琴有限公司等在内的 14 家小微企业，成交总价 1462.6 万元，土地使用权出让年限为 50 年，实现了集体经营性建设用地异地调整入市。另外，B 区块是由该镇经济相对薄弱的雁塘村与洛舍村股份经济合作社合作，在完成土地所有权调换的基础上，与东衡村股份经济合作社等三家村股份经济合作社共同运作。

（二）结合点及联结方式分析

德清县"增减挂钩+集体经营性建设用地入市"改革方案，拓展了经济落后、交通不便、零散分布的存量集体经营性建设用地入市的路径。在探索城乡统一建设用地市场的过程中，将增减挂钩政策与集体经营性建设用地入市政策叠加，通过"异地调整入市"的方式，盘活利用零散、低效的集体建设用地，是当前农村土地制度改革的一大创举。这种零拆整建的土地利用方式，恰好体现增减挂钩政策的要义，让地理位置偏远、经济发展缓慢的农村集体一同享受改革红利。为确保异地调整入市的级差地租收益，集中入市地块的选址应更多放在交通便利、经济发展水平较高的城乡接合部村庄。

五、增减挂钩+灾后重建工程

（一）四川省向峨乡运用增减挂钩政策进行灾后重建

2008 年，四川汶川发生 8.0 级大地震，大量受灾人口需要重新安置，国务院为支援四川灾后重建工作，允许地方政府积极运用增减挂钩政策开展赈灾、重建安置工作。《国土资源部关于实行保障灾后恢复重建特殊支持政策的通知》（国土资发〔2008〕119 号）明确，"扩大挂钩试点支持灾后重建。今后三年内，对规划易地重建的村庄和集镇，凡废弃村庄和集镇具备复垦条件的，可以使用城乡建设用地增减挂钩周转指标。由市县国土资源管理部门确定建新地块，先行安排重建。在建设过程中再将建新地块与拟复垦地块组成周转项目区，纳入建新拆旧规划。项目区经省级国土资源管理部门审定后，报国土资源部确认周转指标。"当时，在汶川的重灾区向峨乡，农民住房重建大约需要 3 亿元资金，而向峨乡预计可以整理出大约 2000 亩节余建设用地指标。财政条件比较好，且需要建设用地指标的双流县政府，以 15 万元/亩的单价收购该乡节余出来的增减挂钩指标。

在"增减挂钩+灾后重建工程"中，项目实施单位一般先由集体整理废弃的农村宅基地，形成复垦指标，再由需要指标的市（县、区）来购买，村集体则用这笔收益对受灾农民进行安置，同时，使用节余资金建设村庄基础设施。在鲁甸、芦山、玉树、舟曲等地的灾后重建工作中，国家大多提出通过增减挂钩政策、节余指标交易的办法来支援灾后重建，但节余指标交易的范围一般限制在市域范围内。

（二）结合点及联结方式分析

增减挂钩政策运用于灾后重建工程是一种特殊时期的特别安排，面对灾后安置等资金的巨大缺口，政府动用公权力将经济相对发达的市县财力以购买指标的方式向灾区转移，并与其他政策叠加，形成了中国特色的灾后重建模式。与扶贫开发类似，增减挂钩政策运用于灾后重建工作也是一种超常规的运作方式。

第三章 城乡建设用地增减挂钩中
土地增值收益分配探索与经验

级差地租从建新区向拆旧区返流，是城乡建设用地增减挂钩动力机制的重要一环。本章聚焦增减挂钩中的土地增值收益分配问题，第一节从发展权转移的视角，考察级差地租在建新区和拆旧区流转分配的一般逻辑，第二节基于成都市的典型案例，对实践中增减挂钩土地增值收益分配的做法和经验进行比较研究。

第一节 增减挂钩中的土地增值收益

城乡建设用地增减挂钩是指在一定条件下，通过减少拆旧地块的农村建设用地，整理复垦新增一定数量和质量的耕地后，可增加建新地块相应数量的城镇建设用地。从国土空间用途管制的角度来看，城乡建设用地增减挂钩其实是城乡土地发展权的转移。我国城乡建设用地增减挂钩类似于美国的发展权转移，是将拆旧地块的农村建设用地整理复垦为耕地后，开发建设的权利转移到建新地块，最终拆旧地块耕地将被保护，其使用受到严格限制，而建新地块则获得发展权，可将耕地转为建设用地进行城镇开发建设。在这个过程中，建新地块的级差地租收益则从城镇建新区向农村拆旧区返流，拆旧区农民得以参与分享城镇级差地租。

一、项目拆旧区的发展权转出

项目拆旧区是拟整理复垦为耕地的地块，由宅基地、宅基地及乡（镇）村公共设施和公益事业建设用地组成，在实际项目中，拆旧区多为宅基地。最初，土地整理主要是通过对田间土地的综合整治获得新增耕地。但随着田间土地整治的空间越来越小，同时，由于城市的快速发展，建设用地价格急速攀升，运用城乡建设用地增减挂钩政策，整理复垦农村宅基地以增加耕地，成为一个现实的选择。

在项目拆旧区中主要涉及的费用包括：被拆迁房屋价值的补偿；因拆迁造成的搬迁、临时安置的补助；因拆迁造成的停业停产损失的补偿；拆迁整理前期的准备活动，例如，协商、协议产生的费用，拆旧区整理复垦的费用及项目验收等过程发生的费用。目前，成都市实施增减挂钩项目的地区基本上是参照和借鉴征地中的补偿方式进行补偿。

通过对拆旧区的整理复垦获得的新增耕地面积，除去用于集中安置村民的新建中心村或新建聚集区的建设用地面积，就是增减挂钩项目获得的挂钩节余指标。挂钩节余指标代表着拆旧区发展权转出的数量规模，而项目拆旧区涉及的费用则代表着发展权转出的成本。

二、项目建新区的发展权转入

在城乡建设用地增减挂钩项目的实践中，项目的建新区主要由两个部分组成：一是用于集中安置村民的新建中心村或新建聚集区（一些地方还设立了用于集体经济组织发展的建新区。例如，成都市政策规定，挂钩指标中应给农村集体留下不低于5%的挂钩周转指标用于发展农村经济）；二是拟用于城镇建设的地块。

建设集中安置村民的新建中心村或新建聚集区，主要涉及两个方面的费用：一是建设新中心村的建筑及配套的基础设施的建造费用；二是如果用于新建中心村建设的土地是农用地转变为集体建设用地的，还会涉及对占用的农用地进行的补偿，包括土地补偿费、安置补助费、地上附着物和青苗补偿费等。在挂钩项目中，用于城镇建设的地块在获得挂钩周转指标后，就要对该农用地进行土地征收，根据《土地管理法》的规定，征收耕地的补偿费用包括土地补偿费、安置补助费及地上附着物和青苗补偿费。

在项目建新区中涉及的费用主要包括三个方面：集中安置村民的新建聚集区的建筑费用，聚集区占用农用地的补偿费用，以及对征收耕地的征地费用。这样，城镇建新地块出让收益扣除建新区涉及的费用余额，则代表发展权转入的收益。

第二节　增减挂钩中土地增值收益分配的典型模式

成都市作为城乡建设用地增减挂钩的试点城市，在原国土资源部和四川省原国土资源厅制定的各项政策指导和规范下，根据自身的特点和现实条件，在具体项目实施过程中进行了大量有益的探索，也形成了许多不同的操作模式。

实践中，增减挂钩项目实施除了必须考虑土地整治潜力这一重要因素以外（该因素为是否实施增减挂钩项目的前提条件），使用挂钩周转指标的建新区是否能取得更高的地价是整个项目实施的关键点，也是增减挂钩项目实施中土地增值收益的形成及其分配的最重要因素。根据挂钩指标的落地范围，成都市增减挂钩土地增值收益分配模式具体为三种："自挂"分配模式（项目"建新区"与"拆旧区"在同一个行政村范围内）、"小挂"分配模式（项目"建新区"与"拆旧区"在同一个乡镇范围内）和"异挂"分配模式（项目"建新区"与"拆旧区"跨越行政区域范围，在整个大成都市范围内❶进行）。

根据成都市增减挂钩土地增值收益三种分配模式，选取了郫都区花牌村、双流县庙山村和邛崃市高何镇作为典型地区进行实地调研，对三个地区在土地增值收益的形成及其分配过程进行详细的剖析。

一、"自挂"分配模式：花牌村增减挂钩中土地增值收益分配

城乡建设用地增减挂钩项目实施中的"自挂"分配模式，即建新地块和拆旧地块在同一个行政村范围内进行的增减挂钩项目。

（一）花牌村"自挂"模式概述

成都市郫都区古城镇花牌村，地处成都市郫都区古城镇的东南，全村幅员4725.1亩，辖14个农业合作社，共有农户925户，总人口2865人。花牌村增减挂钩项目包括农用地整理和集体建设用地整理，农用地整理项目已于2010年12月通过四川省国土资源厅验收，新增耕地476.5亩；集体建设用地整理项目于2010年4月启动建设，已建成一期农民新居示范点共2万平方米，安置农户153户357人，农村新型社区总规划建设面积为14万平方米。在增减挂钩项目实施过程中，花牌村以组建村集体资产管理公司为特色，主要采取了以下做法。

1. 组建集体资产管理公司实施增减挂钩项目

（1）公司组建方式。坚持农户自愿参与。由农户推选家庭股东代表，并以社（组）为单位召开家庭股东代表会议，采取委托授权的方式，发起自愿参与土地综合整治的农户组建集体资产管理有限公司。

（2）公司性质。根据《中华人民共和国公司法》（以下简称《公司法》）相关规定，并与《中华人民共和国农民专业合作社法》（以下简称《农民专业

---

❶　包括：锦江区、青羊区、金牛区、武侯区、成华区、龙泉驿区、青白江区、高新区、都江堰市、彭州市、邛崃市、崇州市、金堂县、双流县、温江县、郫都区、新都县、大邑县、蒲江县、新津县。

合作社法》）相结合，成立了具有农民专业合作社性质的郫都区花牌资产管理有限公司（以下简称花牌公司）。

（3）借助以集体建设用地流转为前置条件的土地综合整治可能产生的各种经济利益关系，向政府平台公司借款，代替自有资本金。花牌村根据农村土地综合整治可能产生的建设用地指标和预留集体建设用地等的预期收益，与成都惠农投资建设有限公司（郫都区政府平台公司，以下简称惠农公司）进行反复协商，惠农公司根据成都市人民政府和郫都区人民政府对农村土地综合整治给予的相关优惠条件和花牌村的实际情况，同意借款，并将借款用于集体资产管理有限公司的注册资本金。

（4）根据实际情况将股本以户为单位量化到村民。花牌村将借款作为公司的资本金，根据《公司法》和《农民专业合作社法》的相关规定，集体资产管理有限公司必须具有明确的股东人数及股东出资等。花牌村集体资产管理有限公司根据 14 个社村民的意见，将资本金平均分配到全村 14 个社，每个社又将该资本金平均分配，并具体落实到户。

（5）制定公司章程和建立规范的公司治理结构。由农户推选家庭股东代表，并以社（组）为单位召开家庭股东代表会议，采取委托授权的方式，每个社推选产生一名股东代表，之后召开 14 名股东代表会议，制定并通过公司章程，选举产生 5 人组成公司董事会、3 人组成公司监事会。同时，集体资产管理有限公司聘请了会计，制定了财务管理和公司的运行管理办法。

（6）提交符合规范的材料完成相应的工商税务注册。花牌村于 2010 年 4 月完成了工商注册和税务登记等各种手续，成立了合法的花牌公司。

（7）将宅基地使用权流转变更为集体建设用地使用权。自愿申请参与土地综合整治的 407 户农户将确权后的宅基地使用权，分别与花牌公司签订集体建设用地流转协议和相关补偿协议，花牌公司通过流转取得 488 亩集体建设用地使用权，按相关法律规定完成农户宅基地使用权向花牌公司集体建设用地使用权的变更，郫都区国土资源局依法向花牌公司颁发了集体建设用地使用权证。

（8）将经过评估的集体建设用地使用权资产注入花牌公司。经成都市吉祥房地产土地评估代理有限公司对 488 亩集体建设用地使用权（评估报告书上为489 亩）进行评估，根据法律规定将评估的资产，经审计后，注入花牌公司。

2. 抵押融资：依托政府平台公司探索融资方式

花牌村实施增减挂钩项目，通过探索创新，以花牌公司作为融资主体，通过寻求多方担保，向成都银行申请项目贷款，其中，一部分贷款用于花牌村土地综合整治项目，另一部分用于挂钩建新地块的土地整理项目。

（1）争取获得担保机构的担保并向银行贷款。花牌公司获得成都市农村产权流转担保公司、成都市现代农业担保公司等 7 家担保机构为其提供连带责任保证担保，以488亩集体建设用地使用权、土地综合整治项目产生的298.3亩建设用地挂钩周转指标等作为抵押反担保资产向金融机构申请贷款，获得成都银行百花潭支行发放的5年期限贷款。

（2）惠农公司对贷款资金进行监管。郫都区花牌公司、惠农公司和古城镇人民政府签订三方协议，由花牌公司使用贷款中的资金，用于花牌村土地综合整治项目，惠农公司承担全额连带责任保证，古城镇人民政府对花牌公司的资金使用进行监督；惠农公司独自使用贷款中的资金，用于挂钩建新地块的土地整理项目，其偿付责任由惠农公司承担。花牌公司与惠农公司签订《委托经营管理协议》，将贷款一次性转到惠农公司开设的资金专户。花牌公司可使用部分资金，按照整治项目工程进度、票据等提出使用申请，惠农公司依据项目进度支付，保证专款专用和资金安全。

（3）偿还贷款资金来源。花牌公司独自使用贷款，用于花牌村土地综合整治项目，该款项由花牌公司负责从花牌村土地综合整治项目验收后节余的集体建设用地指标出让收益进行偿还。综合整治获得的集体建设用地指标（298.3亩）由惠农公司收购。其余贷款由惠农公司负责偿还，花牌公司与郫都区土地储备中心负责协助。

（二）土地增值形成的全过程分析

花牌村通过成立集体资产管理有限公司，采取"自挂"模式实施增减挂钩项目，统筹农用地整理和建设用地整理项目，项目验收后形成的建设用地指标由惠农公司进行收购，最后挂钩指标落地通过征收出让。

1. 花牌村增减挂钩项目中土地增值过程

（1）土地增值的准备工作。一是项目立项申报，包括向农民宣传土地综合整治相关政策、农户自愿参加土地综合整治的申请书和申报材料编制，逐级审批。二是组建法人实体，包括农户以家庭为单位选出家庭股东代表，以社为单位召开家庭股东代表会议，推选产生股东代表；召开股东代表会议，制定章程，选举产生董事会和监事会，以及制定相应的公司管理制度；借注册资本金，完成工商注册和税务登记手续等。三是募集农村土地综合整治资金，包括以参与土地综合整治的农户的集体建设用地使用权申请办证，并请有资质的土地评估机构进行评估作价，在惠农公司的担保下与相关金融机构进行协商抵押；与平台公司等7家公司协商担保，并利用集体建设用地使用权和增减挂钩指标等向金融机构抵押贷款，募集土地综合整治资金。

（2）农村土地综合整治项目实施。政府有关部门、惠农公司等帮助花牌公司进行土地综合整治的相关工作，并对资金的运行进行监管；花牌公司作为建设业主，自行确定施工单位，并负责对施工质量进行监管等；项目拆旧区和农民集中居住建新区同步进行，根据相关协议对农民拆旧进行补偿；根据国家的相关要求进行宅基地复垦，最后通过原四川省国土资源厅的项目验收。

（3）项目验收后，集体经济组织可预留5%的集体建设用地用于农村集体经济组织发展；目前，该5%的集体建设用地项目正在实施过程中。

（4）由惠农公司收购节约的集体建设用地指标。

（5）通过整治获得的增减挂钩节余指标落地在郫都区红光镇，同时，经过征地、拆迁、平整获得了相应数量的国有建设用地使用权。郫都区红光镇国有住宅用地通过土地一级市场进行拍卖。

2. 土地增值收益主体

花牌村土地增值的过程涉及以下主体，各主体分配的情况如下：

（1）指标产生区的集体经济组织和农民。在花牌村农村土地综合整治项目实施过程中，郫都区花牌公司是整个项目的组织实施者，主要工作包括项目宣传、立项申报、组织成立集体资产管理有限公司及后续项目实施协助和收益分配。其中，农民作为农地承包经营权人和宅基地使用权人，在村委会的指导和组织下将所拥有的土地权利进行转移，是增减挂钩指标的供给方，也是土地增值收益的直接受益者。

（2）指标落地区的农民集体及农民。由于指标落地区可以根据国家的相关法律法规进行征地，所以，指标落地区的农民集体和农民也获得了相应的土地增值收益。

（3）各级政府。这里的各级政府包括指标产生区的乡镇、落地区乡镇政府及实施征地的县（市）政府，在项目的实施过程中，他们作为制定规划、实施增减挂钩项目的引导者，通过挂钩周转指标落地获得征地拆迁平整后的国有土地，并在土地市场上获得相应的土地增值收益。

另外，除了上述三个直接的主体以外，涉及其他相关主体及郫都区惠农公司，这些主体受花牌公司委托进行增减挂钩项目所需的融资担保，并在项目实施过程中进行财务监管。

（三）各利益主体之间的土地增值收益分配

1. 花牌村增减挂钩项目实施土地增值收益概述

实施增减挂钩项目后，无论是农用地还是集体建设用地都将从分散低效、粗放浪费的利用方式向节约集约、规范高效的方式转变，土地收益也会有较大的增值。在这个过程中，土地增值来源主要有三个方面：

（1）本村农用地数量增加，同时，通过复垦、整理等实现了一定意义上的规模经营。通过实施增减挂钩项目及土地综合整治，即对原有宅基地的复垦连片，在一定程度上改变了土地的肥力、增加了本村耕地数量；交通及生产条件也得到了改善，使得本村土地中的级差地租Ⅰ得到提升。

（2）农民将农用地流转给农业合作社以后，农业合作社对土地进行连续追加投资，使其产生了不同的生产效率，从而获得了超额利润，提升了级差地租Ⅱ。

（3）通过实施增减挂钩，将整治节约形成的建设用地指标在本县域范围内的红光镇落地，实现了农村集体所有的土地转变为国家所有的建设用地，使指标使用区的土地大幅度增值。

2. 指标产生区花牌村增减挂钩项目土地增值收益分配

增减挂钩项目实施完成后，土地增值收益主要反映为直接增值收益和间接增值收益。花牌村作为指标产生区，得到的直接收益为通过实施增减挂钩项目获得的增值收益，该收益通过项目整治分配给具体参与的农民。

（1）对参与项目的农民给予补贴或者奖励。花牌村一期农村土地综合整治属于原四川省国土资源厅批准的增减挂钩项目，因而采取了对参与土地综合整治的农民拆旧房、建新房给予补贴，具体的处理办法为：对于2009年10月16日前户籍关系属于花牌村的集体经济组织成员均可提出申请参加此次土地综合整治，但农户人均建设用地面积（以颁证确权面积为准）以达到140平方米为基准线。对于农户人均建设用地小于140平方米申请参与土地综合整治的，其审批权限由村集体经济组织根据实际情况来确定，经批准后农户不足140平方米部分按照10元/米²由农户补缴；对于农户人均建设用地大于140平方米的分两种情况进行补偿：在安置点内，按照40元/米²对农户进行一次性补贴；在安置点外，按照30元/米²进行一次性补贴。

（2）对不同情况下的农村居民参与项目的限制规定。2009年10月16日至2010年3月25日，新增人口的家庭人均建设用地达140平方米以上可申请参加此次土地综合整治，并享受相应政策；家庭人均建设用地不足140平方米的，该新增人口不得以补缴费用的方式参与土地综合整治；2010年3月25日以后新增人口不参与农村土地综合整治。

（3）项目实施过程中的一些特殊规定。一是对于符合参与花牌村一期土地综合整治要求的本村村民，若参与统规自建，享受人均2.6万元的建房补贴（其中，人均4000元用于风貌建设，由各安置点业主委员会统一组织实施）；若参与统规统建，享受人均35平方米的住房和人均5000元的搬迁补贴。二是对户籍不在花牌村（包括非农业人口），但本人在该村拥有合法住房和宅基地，并长期居住的人员，家庭人均建设用地面积不低于140平方米的，经社（组）户代表会和村议事会批准，可参照村集体经济组织成员参与统规自建或统规统建。该类人员参与统规自建可享受1万元/人建新补助及基础设施配套，不享受本村村民的其他待遇；参与统规统建仅享受35米²/人建筑面积住房，并需支付 260 元/米² 建设费补差。三是对安置点内未参与项目的农户，按照规划要求腾出多余建设用地用于安置点建设的，按照 40 元/米² 给予补贴，同时，享受安置点内基础设施配套和风貌改造补助。不按规划要求腾出多余建设用地的，今后一律不得享受安置点的基础设施和公益保障设施建设配套。四是安置点内的农户签定拆旧协议后，在约定时间内按时拆旧清场的，给予每户 1500 元奖励。在选择自建具体点位时，按照规划设计方案对应户型，安置点内的农户优先选择，其余农户抓阄定点位。

（4）涉及土地综合整治相关问题的规定。凡参与项目的家庭，原有宅基地上的建筑物、构筑物一律自行拆除，并自行承担房屋拆除时的相关安全问题。原集体建设地需要复垦的，其耕作层厚度必须达到国土资源部门规定的验收条件，即不低于 40 厘米。经验收合格后，按照 3000 元/亩支付复耕补贴；不愿意自行复耕的，由村集体经济组织统一复耕，不再享受复耕补贴。

（5）集体经济组织在全部的分配过程中，仅起到组织和实施的作用。从调查的情况来看，农民集体（党支部、村委会、资产管理有限公司等）只是在实施过程中发生了相应的成本费用，并没有直接参与分配。

3. 指标落地区郫都区红光镇土地增值收益分配

根据国家法律法规及郫都区相应的规划，郫都区红光镇在获得古城镇花牌村的增减挂钩指标后，就可以进行征地。《郫县人民政府征收土地公告》（郫征告字〔2011〕01 号）规定，土地补偿费、安置补助费按照《四川省人民政府办公厅转发省国土资源厅关于调整征地补偿安置标准等有关问题的意见的通知》（川办函〔2008〕73 号）的规定，征收每亩耕地的土地补偿费按征地统一年产值的 10 倍计算。安置补助费依据被征地集体经济组织人均耕地面积，人均耕地 1 亩及以上的，每亩耕地按征地统一年产值 6 倍计算；人均耕地 1 亩以下的，每个安置人口按征地统一年产值 6 倍计算。青苗补偿费及地上附着物、养殖专业户、种植专业户的补偿按《四川省人民政府关于同意成都市征地地上附着物和青苗补偿标准修订方案的批复》（川府函〔2008〕88 号）附表所列标准执行。根据上述规定，征地补偿标准（除拆迁）每亩 3.5 万~5.0 万元，按征地补偿中最高数 5 万元/亩进行估计，可以得出落地区农民集体和农民所获得的土地增值收益。

（四）"自挂"土地增值收益分配评析

（1）花牌村成立相应的集体资产管理公司，在政府平台公司的帮助下获得了金融机构的融资支持。在增减挂钩项目申报、项目实施和验收的全过程中，原来均是由村委会等村级组织来充当实施主体，由于村委会是一种具有公共管理属性的组织机构，作为整治项目的实施主体常常会出现"政企不分"等弊端，按法律规定，需要一个能够代表农村集体资产的集体经济组织来充当实施主体；另外，根据国家的相关法律和政策规定，在市场经济条件下，村委会作为一级公共事务管理机构，不具备在市场上平等地与各类市场主体进行各种交易的主体条件，尤其是不能作为市场主体参与各类投融资和生产活动，由于增减挂钩项目涉及一系列市场交易行为，这就要求必须解决农村集体资产参与市场交易活动等问题，而作为具有法人资格的农村资产管理公司就可以与各类中介或者金融机构进行交易活动。因此，农村资产管理公司能够有效地解决农民自主实施土地综合整治中的市场主体和融资主体缺失问题。同时，公司法人制由于成立了完善的财务部门，制定了严格的财务流程，加强了集体资产的管理监督，也使土地增值收益的管理和分配更加科学合理。

（2）通过农村土地综合整治，农民获得收入的渠道增加。花牌村通过成立集体资产管理公司实施农村土地综合整治带动了农地的流转。目前，流转的农用地有1000多亩，流转的农用地一部分是村民委托村委会流转，另一部分是村民自己流转。其中，大部分农用地流转给了相关农业开发企业。例如，专业种植农产品的成都德惠农业公司承包了500多亩农用地，流转的租金是"双700"，即每亩土地每年按700斤❶大米和700斤小麦折价为现金。流转收益由村委会根据规定扣除一小部分，作为集体发展经费及日常经费，其余全部分配给村民。2010年，花牌村还成立了小麦种植专业合作社，村民要进入合作社可以将土地承包经营权流转给农业合作社，取得一部分租金收入；另一部分还可以拿承包地入股保底分红，风险共担。目前，承包地入股的有30多户，将近100亩农用地，以租金的形式流转给合作社的土地有400多亩。合作社促进了小麦种植业的规模化经营与发展。农地流转和产业发展也为当地村民就业提供了便利。目前，花牌村已有1000余位村民实现了就地就业，解决了农民在土地流转后的生存与发展问题。

（3）融资成本较高。从花牌村通过集体建设用地使用权和建设用地指标抵押贷款的过程、结果及偿还情况来看，整个过程相当繁杂且花牌村在上述过程中支付了很多的贷款利息。如果法律法规界定农村集体建设用地，或者增减挂钩指标收益可以直接抵押，就可以免去上述更多的复杂过程，且花牌公司也只需要偿还贷款利息，也可为花牌公司节约大量的用于抵押贷款的交易费用。

二、"小挂"分配模式：庙山村农民集中建房整理项目中土地增值收益分配

所谓"小挂"分配模式，是依据《城乡建设用地增减挂钩试点管理办法》

---

❶　1斤=0.5千克。

进行创新，即建新拆旧项目区在同一个镇范围内实施，并不通过征地来实现的增减挂钩项目。

（一）成都市双流县庙山村"小挂"模式概述

（1）规划先行。双流县新兴镇庙山村地处成都市的东郊，距离市中心10千米，与锦江区的三圣乡、龙泉驿区的大面镇和柏合镇等相邻。2013年，新兴镇被纳入四川省天府新区规划，被列为"生态绿隔区"，以发展现代农业及生态休闲旅游业为主。新兴镇根据自身资源的特点，确定了建设大成都"中央花园·文化高地"的发展定位，着力实现现代农业、文化创意和休闲旅游有机结合。按照这一发展定位，在双流县委、县政府的支持下，新兴镇庙山村引入了成都蓝顶创意产业有限公司，打造蓝顶当代艺术基地。

（2）指标产生。2009年，在双流县政府的主导下，新兴镇油坊村作为"拆旧地块"开始实施农村集体建设用地整理项目，将自愿参加集中居住农户原有的宅基地（共290.6亩）整理复垦为耕地，在新兴镇油坊村内建设农民集中居住区（用地35.6亩），将节约出来的第一期80亩挂钩指标落地到"建新地块"——新兴镇庙山村。

（3）指标落地。根据双流县的规划，新兴镇庙山村重点打造文化产业。2011年9月29日，通过挂牌出让的方式，落地后的第一期80亩集体建设用地由双流县新兴镇庙山村第四村民小组（四组）集体经济组织流转给成都蓝顶创意产业有限公司发展文化产业，流转期限为50年，规划用途为文化产业用地，用于蓝顶当代艺术基地的建设。

庙山村"小挂"模式与花牌村"自挂"模式稍有不同，庙山村主要是通过新兴镇油坊村实施集体建设用地整理项目（拆旧地块），在同镇范围内采用农村集体建设用地整理（成都市称为农民集中建房整理项目），再将节余的集体建设用地指标转移至新兴镇庙山村四组（建新地块，蓝顶当代艺术基地规划区域内）集中使用，建新地块并不通过征收，即不改变农村集体土地的性质。

（二）土地增值形成的全过程分析

（1）政府通过制定规划，使得庙山村原有农村土地的价值得到提升。
（2）新兴镇油坊村作为指标产生区，成为该块土地增值的必要条件。
（3）新兴镇庙山村作为指标落地区，原来的农用地、宅基地等通过用途的转变（成为集体建设用地）发生了增值。

（三）各利益主体之间的土地增值收益分配

庙山村增减挂钩项目属于"小挂"模式，项目涉及双流县新兴镇油坊村和新兴镇庙山村，新兴镇政府在项目中起指导和组织作用，在土地增值收益分配中，镇政府发挥主导作用，平衡协调了政府、油坊村和庙山村集体经济组织和农民的利益。

1. 油坊村获得土地增值收益分配

新兴镇油坊村通过农村土地综合整治所获得收益由拆除原有宅基地参与集中居住的农民分享。其中，包括对农民宅基地参照征地标准进行拆迁补偿、宅基地复垦费用、农民建新区的基础设施建设。油坊村村民所获货币化增值收益不多，仅包括拆旧区补贴，但农村居住环境优化、基础设施完善、村庄整体风貌焕然一新也是一种无形的增值收益，且这种收益是长期存在、日益增长的。

2. 庙山村获得土地增值收益分配

庙山村四组共 80 亩集体建设用地获得的收益主要分配在两个部分：一部分在宅基地、承包地被占用的农户间分配；另一部分则由庙山村四组中原 8 社村民平均分配。

（1）对原承包地和宅基地的补偿分配情况。一是承包地补偿，按照 2000 元／（亩·年）的补偿标准，补偿时间为 5 年，这样每亩承包地获得了 1 万元的补偿，补偿后不再对拥有该部分承包经营权的农户进行撵地调整。二是宅基地补偿，宅基地采用差额补偿方式，即宅基地差额补偿＝（原宅基地面积−新房占地面积）×2200 元／（亩·年）×15 年。即每亩宅基地得到的补偿在扣除建新区的占地后为 3.3 万元／亩。三是农民建新区补贴，农民建新区补贴有两种计算方式和标准：①统规统建：新住房面积＝家庭人数×35 平方米；②统规自建：新住房面积＝家庭人数×30 平方米；其中，统规统建部分，农民自己承担 480 元／米^2，政府补偿 505 元／米^2；统规自建部分，政府不予补偿。

（2）剩余资金分配。由于庙山村历史上有着因铺设高压线、铁路等原因被征地的情况，且当时对征地补偿费用是按照户籍人口平均分配，所以在这一项目中扣除以上三项补偿、补贴之后，剩余资金的分配，庙山村四组仍然采用按照户籍人口平均分配的方式。但是，由于庙山村四组是在之前的合村并社中由原来的 8 社、9 社合并而成，虽然目前同属四组，但经济仍然是分别核算，而这次被占用的 80 亩土地全部属原 8 社所有，该项目中剩余资金仅在庙山村四组中原 8 社村民间平均分配。

3. 新兴镇政府土地增值收益分配

新兴镇政府将总收益分配给油坊、庙山村以外的部分，主要用于修建庙山村农民集中居住新区的基础设施和蓝顶核心区的基础设施等。其余部分则为新兴镇政府的增值收益。

三、"异挂"分配模式：高何镇增减挂钩中土地增值收益分配

"异挂"模式，是指建新拆旧项目区跨越了县域行政区范围，即建新地块和拆旧地块分布在整个成都市范围内的增减挂钩项目。按照相关法律规定，原则上增减挂钩项目不得超出县域范围，而邛崃市高何镇增减挂钩"异挂"模式是在汶川地震和雅安芦山地震的特殊背景下，房屋建设、百姓安置和生产恢复面临大量的资金困难，政府为支持灾后重建放宽了挂钩指标的落地范围，更大程度上实现了土地增值。

（一）高何镇"异挂"模式概述

高何镇地处邛崃市西部偏远山区，距邛崃城区40千米，幅员84.73平方千米，辖6个行政村、1个社区，90个村民小组，总人口12645人。作为芦山县地震重灾区，邛崃市根据增减挂钩相关法律法规，结合实际情况，在高何镇实施了土地综合整治项目，并将节余的建设用地指标挂钩到郫都区和双流县，带来了土地增值收益。高何镇增减挂钩包括两个项目：

一是靖口村、高兴村、王家村项目，申请挂钩周转指标规模为647.26亩。拆旧区位于邛崃市高何镇靖口村、高兴村、王家村。拆旧地块193个，面积为647.26亩，拆旧区涉及拆迁农户672户2347人，农民集中居住区占地范围内原有农户9户35人，项目区涉及搬迁农户681户2382人，拟整理复垦为耕地的农村建设用地面积为647.26亩。建新区由农民集中居住区和城镇建新区组成，使用挂钩周转指标为645.76亩，项目实施后可新增有效耕地面积1.50亩。农民集中居住区2个❶，总占地面积为178.65亩，其中，耕地面积为132.09亩，城镇村及工矿用地面积为46.56亩，不占用基本农田，使用挂钩周转指标为132.09亩。城镇建新区跨出了邛崃市调整到郫都区，共14个❷，总面积为650.55亩，其中，耕地面积为462.24亩，园地面积为5.31亩，城镇村及工矿用地面积为136.89亩，交通运输用地面积为13.82亩，水域及水利设施用地面积为22.21亩，其他土地面积为10.08亩，使用挂钩周转指标为513.66亩。

二是银杏村、何场村、毛河村、沙坝社区项目，申请挂钩周转指标规模为729.35亩。拆旧区邛崃市高何镇银杏村、何场村、毛河村、沙坝社区为完整的行政村，拆旧地块总面积为729.35亩，申请挂钩周转指标规模729.35亩。建

---

❶ 规划位于高何镇靖口村5组，沙坝社区3、4、7组。

❷ 规划位于郫都区花园镇七里香村2、4、6、7组；友爱镇达通村6、8组，迎凤村1、2、4、5、6组，皇庄村6组，青杠村1组，升平村1、2、3、6、9、11、12组，顺安村2组；德源镇清江村6组；古城镇花牌村9、10组；团结镇社区1组。

新区由 22 个建新地块构成，其中，农民集中居住区 2 个❶，使用挂钩周转指标 197.18 亩；城镇建新区调整到双流县共 20 个❷，使用挂钩周转指标为 531.10 亩。

（二）土地增值形成的全过程分析

高何镇通过增减挂钩项目的实施，将拆旧区土地（主要为宅基地）复垦整理为农地，拆旧区农民实行集体搬迁集中居住，从而节约大量建设用地指标，再将节余建设用地指标挂钩交易到郫都区和双流县落地使用，实现土地发展权移转。

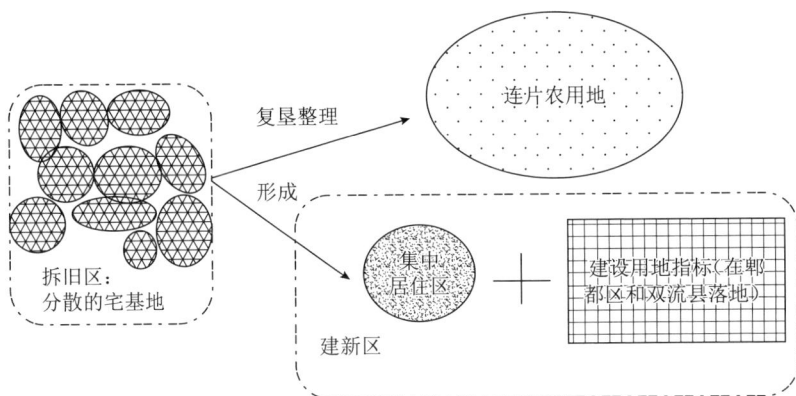

图 3-1　"异挂"模式土地增值过程

如图 3-1 所示，高何镇增减挂钩项目"异挂"模式土地增值的实质是通过土地用途的改变，由土地发展权的转移所带来的土地增值，其增值空间较"自挂"模式和"小挂"模式均更大。"异挂"模式的土地增值收益的来源是不同地区、不同交通和环境条件下形成的建筑地段级差地租。邛崃市高何镇距离市区较远，交通条件不够发达，产业、商业聚集不强，因而土地价值较低；而郫都区和双流县距离成都市很近，交通可达性高，产业聚集能力强，商业集中，市场需求旺盛，建设用地需求量大，土地价值更高。

邛崃市将土地价值较低的高何镇农民宅基地复垦为农地，限制了拆旧区的土地发展权，但土地复垦整理后形成了建设用地指标，一部分建设用地指标用于农民集中安置居住区使用，由于这部分土地改变了原有宅基地粗放利用方式，实施农民集中安置、小区化管理，从而节余了大量建设用地指标，这部分

---

❶　规划位于邛崃市高何镇何场村、沙坝社区。

❷　规划位于双流县九江镇万家社区，东升街道龙桥社区、花园社区五组、双巷村、永乐村，彭镇燃灯社区，黄水镇板桥社区、长沟村，胜利镇应天寺社区、云华村等。

节余的建设用地指标就是"异挂"模式下土地增值的来源和最主要的部分。当这部分指标通过"异挂"模式将土地发展权转移到交通区位条件更好、土地价值更高的郫都区和双流县（建新区），郫都区和双流县就可以将原来的农用地转变为建设用地，并在土地一级市场采用"招拍挂"的方式进行出让，在建设用地供给缺口很大的市场环境下，带来土地供求性增值，最终获得土地增值收益。因此，"异挂"模式的增减挂钩土地增值过程比较复杂，虽然其直接表现是由建新区土地发展权的实现带来的，但这是以拆旧区土地发展权的限制为代价和条件的，没有拆旧区的土地发展权限制就没有建新区土地发展权的实现。

另外，高何镇拆旧区将土地进行复垦整理，形成连片的农用地，再流转给种田能手或者农业开发公司，不断追加对土地的投资，进行规模化、机械化和产业化生产经营，形成规模效应，进而增加土地产出，实现土地增值。对于建新区，也是将原来的碎片化建设用地进行统一规划，进一步改善交通条件和配套设施，吸引更多的产业和商业聚集，带来土地投资性增值。

（三）指标产生区农民所获得的收益

（1）农户人均建房补助。搬迁建房户补助标准为8000元/人，集中居住奖励补助标准为7000元/人。未按期完成搬迁及建房的农户，取消人均建房补助，并根据所签订的搬迁协议追究农户违约责任。

（2）节余建设用地面积补偿。对农户原农村产权制度改革确权成果确认的实际还耕宅基地面积，扣除农户新村人均综合占地面积（含农户新村建房占地面积和新村公共基础设施户均公摊面积），节余的实际还耕宅基地面积（经原四川省国土资源厅综合验收确认后）按2万元/亩进行补偿。"一户多宅"的农户，必须全部拆除还耕后，才能提交农民集中居住区建房的申请。对农村产权制度改革确权颁证的一处节余的建设用地面积按2万元/亩进行补偿，其他处旧宅基地按7万元/亩给予一次性货币补偿。

（3）统筹城乡鼓励集中建房的奖励。参与土地综合整治到农民集中居住区建房的农户，按期拆除旧宅基地上的房屋，以农村产权制度改革确权颁发的房屋所有权证登记面积为准，给予奖励。奖励标准：砖混450元/米²，砖木315元/米²，披房150元/米²；"一户多宅"的，只对农村产权制度改革确权的一处旧宅基地上的房屋拆除给予奖励。

（4）自愿放弃农村宅基地（只拆不建）的补偿。农户根据自愿放弃协议约定的时间将原宅基地（含林盘等附着物）腾空拆除后，按照农村产权制度改革确权成果（宅基地证）面积，领取50%的补偿费用。自愿放弃所有农村宅基地，在临邛镇、羊安镇、夹关镇、火井镇四个小城镇购房，对放弃所有农村旧宅基地的农户按30万元/亩给予一次性货币补偿，同时，不再享受土地综合整治所有补助补偿政策。自愿放弃所有农村宅基地，但不在临邛镇、羊安镇、夹关镇、火井镇四个小城镇集中安置的农户，对腾出的宅基地（经验收确认的实际还耕面积）按10万元/亩的标准予以一次性货币补偿，同时，不再享受土地综合整治其他补助补偿政策。

四、不同挂钩分配模式的比较

（1）农村土地增值收益的最主要来源是土地发展权的转移和实现，即不同区域的土地用途改变带来的土地价值增值。因此，增减挂钩项目规模越大，拆旧区土地面积与农民集中居住区所占土地面积差异越大，节余的建设用地指标越多，项目拆旧区与建新区的级差地租越大。通常表现为拆旧区与建新区的距离远近，因为拆旧区一般位于农村偏远地区，而建新区主要有靠近城镇集中区域的优势，土地需求缺口越大，土地增值收益就越大。

（2）土地增值收益的合理分配要以土地产权的清晰界定为基础。增减挂钩项目的实施以土地确权颁证为前提，土地增值收益的分配以土地产权为依据。项目实施前，要对拆旧建新项目区各类型的土地确权到户或者到集体经济组织，根据土地来确定拆迁的农户，在农户自愿的前提下开展项目实施；项目实施中要明确土地产权的流转关系，包括农用地的流转和建设用地及建设用地指标的流转；项目实施完成后要进行土地权属的及时调整和登记更新。土地产权的界定及其变更与土地增值收益的形成与分配紧密相关。

（3）增减挂钩项目实施以政府主导为特征。从项目的申报、宣传、组织、实施、验收到增值收益的分配，都是由政府和村两委来推进实施的。尽管有的地方开始尝试成立集体资产管理公司，但从公司的治理结构和成员组成来看，公司体系和职能不够完善。而城乡统一的建设用地市场也尚未建立起来，市场在土地资源配置及土地增值收益分配上的调节作用还十分薄弱。

（4）增减挂钩项目的实施需要较大的资金量，而目前项目融资渠道狭窄，融资成本较高，也影响了土地增值收益的合理分配。我国农村土地抵押融资受限，抵押额度较小，而土地增值收益要等到项目实施完成验收后才能将挂钩指标进行交易，但通常整个项目的实施周期又比较长，导致最终项目融资成本很高。

第四章 拆旧区农民房屋拆除
补偿安置探索与经验

　　拆旧区农民房屋的拆除补偿安置，是事关城乡建设用地增减挂钩成败的关键一环。本章对各地出台的城乡建设用地增减挂钩拆旧区农民房屋拆除补偿安置政策进行梳理，并基于问卷调查和个案研究，对典型地区城乡建设用地增减挂钩补偿安置进行总结。

第一节　城乡建设用地增减挂钩补偿安置政策梳理

一、国家层面增减挂钩补偿安置政策

（一）国务院出台的增减挂钩补偿安置政策

　　2010 年 12 月 27 日，国务院印发《关于严格规范城乡建设用地增减挂钩试点切实做好农村土地整治工作的通知》（国发〔2010〕47 号），针对"少数地方片面追求增加城镇建设用地指标、擅自开展增减挂钩试点和扩大试点范围、突破周转指标、违背农民意愿强拆强建等一些亟须规范的问题"，对涉及城乡建设用地增减挂钩补偿安置政策的规定如下：

　　（1）以切实维护农民权益为出发点和落脚点。要始终把维护农民权益放在首位，充分尊重农民意愿，坚持群众自愿、因地制宜、量力而行、依法推动。要依法维护农民和农村集体经济组织的主体地位，依法保障农民的知情权、参与权和受益权。整治腾出的农村建设用地，首先要复垦为耕地，在优先满足农村各种发展建设用地后，经批准，将节约的指标少量调剂到城镇使用的，其土地增值收益必须及时全部返还农村，切实做到农民自愿、农民参与、农民满意。

　　（2）严禁盲目大拆大建和强迫农民住高楼。要与地方经济社会发展水平和农业产业发展相适应，与城镇化进程和农村人口转移相协调，遵循城镇发展规律，区分城镇规划区内、城乡接合部、"空心村"和闲置宅基地等不同情况，

因地制宜，量力而行，循序渐进。涉及农村拆迁安置的新居建设，要为农民提供多种建房选择，保持农村特色和风貌，保护具有历史文化和景观价值的传统建筑。要尊重农民意愿并考虑农民实际承受能力，防止不顾条件盲目推进、大拆大建。严禁在农村地区盲目建高楼、强迫农民住高楼。

（3）严禁侵害农民权益。开展增减挂钩试点，必须举行听证、论证，充分听取当地农村基层组织和农民的意见。涉及土地调整互换使用的，未征得农村集体组织和农民同意，不得强行开展增减挂钩试点。必须按照明晰产权、维护权益的原则，合理分配土地调整使用中的增值收益。要明确受益主体，规范收益用途，确保所获土地增值收益及时全部返还农村，用于支持农业农村发展和改善农民生产生活条件，防止农村和农民利益受到侵害。

从上述政策来看，国务院针对增减挂钩项目实施中的补偿安置做出了总体的安排意见，强调"土地增值收益必须及时全部返还农村"以及"涉及农村拆迁安置的新居建设，要为农民提供多种建房选择，保持农村特色和风貌，保护具有历史文化和景观价值的传统建筑。要尊重农民意愿并考虑农民实际承受能力，防止不顾条件盲目推进、大拆大建。严禁在农村地区盲目建高楼、强迫农民住高楼"，等等，具体如何实施、补偿安置的标准和程序要依靠地方政府进行探索。

（二）原国土资源部出台的增减挂钩补偿安置政策

1. 国土资源部《关于规范城镇建设用地增加与农村建设用地减少相挂钩试点工作的意见》

2005年10月11日，国土资源部为贯彻落实《国务院关于深化改革严格土地管理的决定》（国发〔2004〕28号），推进土地节约集约利用，促进城乡统筹发展，印发了《关于规范城镇建设用地增加与农村建设用地减少相挂钩试点工作的意见》（国土资发〔2005〕207号）。其中，涉及安置补偿的具体内容为：一是尊重群众意愿，维护集体和农户土地合法权益。二是通过开展土地评估、界定土地权属，按照同类土地等价交换的原则，合理进行土地调整、互换和补偿。根据"依法、自愿、有偿、规范"的要求，创新激励机制，探索集体建设用地流转，促进挂钩试点工作。

文件并未对增减挂钩中补偿安置标准和程序等做出具体的规定。

2. 国土资源部《关于进一步规范城乡建设用地增减挂钩试点工作的通知》

2007年7月13日，国土资源部印发了《关于进一步规范城乡建设用地增减挂钩试点工作的通知》（国土资发〔2007〕169号）。其中，涉及补偿安置的规定有：一是在项目实施过程中，充分尊重农民意愿。要保障农民的知情权和参与权，建立公众参与和监督制度，项目区选点布局要实行听证、论证，充分吸收当地农民和社会各界意见，不得违背当地农民意愿，搞大拆大建，不符合农民意愿的，不得搞行政命令强行拆迁。二是对于被拆迁农民，要足额补偿并妥善安置，切实提高被拆迁农民的生活水平，保障其长远生计；集中安置的，要从实际出发，方便生产生活，使被拆迁农民真正享受挂钩试点工作带来的实惠。要贯彻落实城市反哺农村、工业反哺农业政策，建新地块中实行招标、拍卖、挂牌供地所得收益，要按一定比例返还农村，支持农村集体发展生产和经济。

文件虽然提出了要足额补偿并妥善安置，切实提高被拆迁农民的生活水平，保障其长远生计以及要从实际出发，方便生产生活，使被拆迁农民真正享受到挂钩试点工作带来的实惠，但也没有提出具体的补偿安置标准和程序等。

3. 国土资源部《城乡建设用地增减挂钩试点管理办法》

2008 年 6 月 27 日，国土资源部印发了《城乡建设用地增减挂钩试点管理办法》。第十六条规定："通过开展土地评估、界定土地权属，按照同类土地等价交换的原则，合理进行土地调整、互换和补偿。根据'依法、自愿、有偿、规范'的要求，探索集体建设用地流转，创新机制，促进挂钩试点工作。"第十七条规定："项目区选点布局应当举行听证、论证，充分吸收当地农民和公众意见，严禁违背农民意愿，大拆大建，项目区实施过程中，涉及农用地或建设用地调整、互换，要得到集体经济组织和农民确认。涉及集体土地征收的，要实行告知、听证和确认，对集体和农民妥善给予补偿和安置。建新地块实行有偿供地所得收益，要用于项目区内农村和基础设施建设，并按照城市反哺农村、工业反哺农业的要求，优先用于支持农村集体发展生产和农民改善生活条件。"

尽管文件提出了"对集体和农民妥善给予补偿和安置"，但也没有具体规定如何进行妥善给予补偿和安置，也没有提出补偿和安置的标准及实施程序等。

4. 国土资源部《关于严格规范城乡建设用地增减挂钩试点工作的通知》

2011 年 12 月 26 日，国土资源部印发了《关于严格规范城乡建设用地增减挂钩试点工作的通知》（国土资发〔2011〕224 号）。指出，在项目实施过程中，切实维护农民土地合法权益，要尊重农民的主体地位，增减挂钩试点要充分尊重农民意愿，"做到整治前农民愿意、整治中农民参与、整治后农民满意。凡集体组织和农民不同意的，不得强行开展。严禁强拆强建，严禁强迫农民住高楼"。"使用增减挂钩指标的土地出让净收益要及时全部返还用于改善农民生活条件和支持农村集体发展生产"。

从上述文件来看，国务院和原国土资源部对于增减挂钩中的农民补偿安置提出了原则性的意见，并没有提出具体的实施意见。这种原则性的意见我们可以理解为，由于增减挂钩是在新形势下涌现的新生事物，需要地方政府的实践或者理论工作者进行探索，并总结经验。

二、东部典型地区增减挂钩补偿安置政策的探索与创新

（一）广东省增减挂钩补偿安置政策

2011 年 4 月 29 日，广东省人民政府办公厅印发了《关于切实做好城乡建设用地增减挂钩试点和农村土地整治工作的通知》（粤府办〔2011〕24 号），其中，涉及补偿安置政策的规定有：

一是申请开展城乡建设用地增减挂钩试点的县（市、区），要在认真调查摸底的基础上，按照"因地制宜、量力而行，先易后难、规范有序"的原则，依据土地利用总体规划、城乡建设规划以及土地整治规划等相关规划，认真组织编制增减挂钩试点项目规划，确保项目区内建设用地总量有减少、布局更合理、耕地面积有增加、质量有提高。

二是编制试点项目规划，必须组织民意调查和专家论证，充分听取当地农村基层组织、农民和有关专家的意见。试点项目规划报经省国土资源厅审查同意后，县（市、区）要及时向社会公示，并制订详细的试点项目拆迁安置补偿方案组织项目实施。拆迁安置补偿方案要按规定组织听证，必须经 2/3 以上听证代表同意，方可实施试点项目建设。公示和听证材料要与试点项目规划一并报送省国土资源厅备案。

（二）福建省增减挂钩补偿安置政策

1. 《福建省人民政府办公厅转发省国土资源厅关于实施农村土地整治和城乡建设用地增减挂钩意见的通知》

2010 年 2 月 22 日，福建省人民政府办公厅印发了《转发省国土资源厅关于实施农村土地整治和城乡建设用地增减挂钩意见的通知》（闽政办〔2010〕43 号），其中，涉及增减挂钩补偿安置政策有：

一是综合改革建设试点镇和土地整治试点县要广泛宣传农村土地整治的重要意义、基本做法和补偿安置标准等，做到家喻户晓，让村民真正认识到农村土地整治的实惠和集中建设的好处，引导村民积极主动参与。同时，应指导村民科学选址建房，合理布局、集约用地。

二是在农村土地整治工作中，要广泛听取村民的意见。土地整理复垦方案、拆旧建新补偿标准、新村建设方案等，要广泛征询意见，与农户充分沟通，并签订整治及补偿协议，做到整治前农民同意、整治中农民参与、整治后

农民满意。

三是依法实施补偿安置。要对农村土地整治涉及的土地及地上建筑物、构筑物现状进行调查摸底，制订补偿安置方案，公布补偿标准，依法足额补偿到位，支持村民拆旧建新，改善居住环境。对"一户一宅"被拆旧的农村村民，可在村镇规划区内安排新的宅基地或统一规划建设安置房，保障其生活居住需要。对不需安排新宅基地或安置房的农村村民，在拆旧时依法给予经济补偿。各地要综合考虑农村村民拆旧房屋的面积、质量和净退出的土地面积等因素，确定农户具体的补偿标准。对农村低保户、五保户等困难农户，各地要根据实际制定具体的帮扶政策，妥善安置。

四是农村土地整治净增的耕地，仍归原农村集体经济组织所有，由该农村集体经济组织按《农村土地承包法》的规定发包给村民或由该农村集体经济组织统一经营。各地在农村土地整治前，要认真调查土地利用现状，做到地类和面积清楚、权属无纠纷；农村土地整治后要及时办理确权、变更登记或注销手续，做到面积准确、产权明晰。要认真做好土地权属调整，切实维护农民权益。

五是做好相关服务。对使用土地增减挂钩指标的城镇建设用地的农用地转用和土地征收审批，开辟"绿色通道"单列办理。农村土地整治项目的安置用地，由乡（镇）国土资源所和村建管理机构联合受理村民住宅用地和建设申请，县（市、区）人民政府要及时办理村民住宅用地和建设审批手续。新村建设涉及农用地转用的，设区（市）人民政府要及时办理农用地转用审批手续。县级住房和城乡建设部门要为村民免费提供住宅设计通用图，有效服务新村建设。

2.《福建省人民政府关于严格规范城乡建设用地增减挂钩试点切实做好农村土地整治工作的通知》

2011年3月20日，福建省人民政府印发了《关于严格规范城乡建设用地增减挂钩试点切实做好农村土地整治工作的通知》（闽政〔2011〕21号）。涉及补偿安置的内容主要有：切实依法保障农民的合法权益。在农村土地整治旧村复垦工作中，要广泛听取村民意见，拆旧补偿方案、新村建设方案、土地复垦方案等要与农户充分沟通，并与农户签订拆迁补偿协议，做到整治前农民同意、整治中农民参与、整治后农民满意。各设区（市）要研究制定土地增减挂钩指标收益管理办法，建立健全项目资金管理，确保资金专款专用、运作规范、公开透明，接受群众监督。农村土地整治旧村复垦项目资金专项用于村民拆旧补偿和土地复垦耕地所需费用，剩余部分主要用于支持农业农村发展、改善农民生产生活条件，确保项目所在农村及农民受益。要依法管理复垦新增耕地，旧村复垦新增耕地仍归原农村集体经济组织所有。

三、中部典型地区增减挂钩补偿安置政策的探索与创新

(一) 河南省增减挂钩补偿安置政策

1. 《河南省城乡建设用地增减挂钩试点暂行办法》

2009 年，河南省人民政府办公厅印发了《河南省城乡建设用地增减挂钩试点暂行办法》（豫政办〔2009〕124 号），涉及补偿安置政策有：一是尊重群众意愿，不损害群众权益。二是以城带乡、以工促农，通过开展挂钩试点工作，改善农民生产生活条件，促进农业适度规模经营和农村集体经济发展。

2. 《河南省国土资源厅关于进一步严格规范城乡建设用地增减挂钩试点工作的通知》

2013 年，河南省国土资源厅印发了《关于进一步严格规范城乡建设用地增减挂钩试点工作的通知》（豫国土资发〔2013〕13 号），涉及补偿安置政策有：严格审查增减挂钩项目实施规划申报材料。各地要在当地人民政府统一组织领导下，会同发展改革、财政、住房和城乡建设、环保等部门，对增减挂钩项目实施规划涉及的项目区土地平衡情况、拆旧区实施计划、资金安排、拆旧区农民补偿安置方案、建新区是否符合规划、拟安排建设项目性质是否符合国家产业政策及有关听证、协议签订等情况进行严格审查。

3. 《河南省人民政府办公厅关于印发积极推进农村人口向城镇有序转移八项措施的通知》

2014 年 12 月 29 日，河南省人民政府办公厅印发《关于印发积极推进农村人口向城镇有序转移八项措施的通知》（豫政办〔2014〕184 号），提出用足用活城乡建设用地增减挂钩政策，拓宽进城农民住房保障渠道。鼓励各地用足用活城乡建设用地增减挂钩政策，在符合城市总体规划和土地利用总体规划的前提下，利用农村土地综合整治形成的农村集体建设用地节余指标，稳妥开展试点，在县城和产业集聚区周边建设住宅社区，以优惠价格提供给本县域内自愿退出农村宅基地及住房的进城农民，鼓励有条件的地方制定支持进城农民购买商品住房的优惠性政策。

(二) 安徽省增减挂钩补偿安置政策

《安徽省人民政府办公厅关于做好城乡建设用地增减挂钩试点工作的通知》（皖政办〔2009〕21 号）指出，一是各地在挂钩试点工作中，凡涉及农用地或建设用地调整、互换的，必须得到集体经济组织和农民确认。二是拆旧地块农民安置点可先行用地，使用本集体经济组织所有土地或国有土地。使用本集体

经济组织所有土地的，必须依法办理集体建设用地使用手续。经批准在国有土地上统一安置的，可采用划拨方式供地。三是建新地块所得收益，要优先用于被征地拆迁农民的经济补偿、安置以及项目区内农村基础设施建设，剩余部分用于支持农村集体发展生产和改善农民生活条件，确保被征地拆迁农民原有生活水平不降低、长远生计有保障。

（三）湖北省增减挂钩补偿安置政策

《湖北省城乡建设用地增减挂钩试点工作实施意见》涉及补偿安置政策如下：

一是以切实维护农民权益为出发点。要始终把维护农民权益放在首位，充分尊重农民意愿，坚持群众自愿、因地制宜、量力而行、依法推动。要依法维护农民和农村集体经济组织的主体地位，依法保障农民的知情权、参与权和受益权。通过实施挂钩项目节约的建设用地指标调剂给城镇使用的，其土地增值收益必须按规定及时返还农村，切实做到农民自愿、农民参与、农民满意。

二是以确保农民长远生计有保障为落脚点。试点市、县政府要切实做好农民长远生计保障工作，统筹保障资金，拓展农民安置补偿途径，将搬迁农民纳入社会保障。确保农民安置补偿费用直接、及时支付到位。挂钩试点腾出的农村建设用地，首先要复垦为耕地，优先满足农村各种发展建设用地，集中发包发展现代农业、生态农业或旅游观光农业的，要优先安排挂钩区农民就业。有条件的地方，可结合城镇化建设、新农村建设和城中村改造，有计划有步骤地安排农民就业。要统筹解决搬迁农民的培训、就业和医疗等社会民生需求，做到搬迁农民"学有所教、劳有所得、病有所医、老有所养、住有所居"。

三是挂钩试点市、县应依据专项调查和挂钩专项规划，编制项目区拆旧还建实施方案，确定农民建设用地的撤并规模、范围和布局，为当地农民各种发展需求预留空间。拆旧还建实施方案应举行公告、听证、论证，充分吸收当地农民和公众的意见，切实做到农民自愿搬迁，严禁违背农民意愿，大拆大建。涉及农用地或建设用地调整、互换的，要得到集体经济组织和农民确认。涉及集体土地征收的，要实行告知、听证和确认，对集体和农民妥善给予补偿和安置。

四是拆旧还建实施方案经批准后，严格按照"先还建、后拆旧"的原则，组织实施农村旧房拆除、建设用地复垦、新村基础设施建设、农民集中居住区新居建设、产权调整、安置补偿等工作。拆旧还建实施方案未经批准，不得进行拆旧复垦和还建安置施工建设。挂钩项目实施过程中，项目区拆旧地块整理要严格执行土地整理复垦的有关规定，涉及工程建设的，应当执行项目法人制、招投标制、工程监理制、公告制等制度。

五是还建安置用地涉及农村拆迁安置新居建设的，选点布局应遵循有利于农民生产生活和生态文化保护的原则，为农民提供多种建房选择，保持农村特色和风貌，保护具有历史文化和景观价值的传统建筑。严禁在农村地区盲目建高楼、强迫农民住高楼，切实做到农民满意。

六是挂钩项目产生的土地增值收益必须全部返还农村，专项用于挂钩项目区内农村基础设施和公共服务设施、农村新居建设、集体建设用地复垦、村级经济发展等。为切实保障农民合法权益，土地增值收益按不低于还建安置和建新开发用地规模确定的新增建设用地土地有偿使用费、耕地开垦费和征地补偿费三项之和的标准执行。

七是试点市（州）、县（市、区）组织专项调查，制定拆旧还建初步方案，对初步方案举行听证和论证。听证、论证通过后方可编制挂钩项目拆旧还建实施方案。拆旧还建实施方案应取得拆旧还建区农民签字同意。不同意搬迁的，可以保留现状，严禁强制拆迁。听证会需拆旧还建项目区 2/3 以上村民和公众参与，得到 2/3 以上村民和公众的同意。

四、西部典型地区增减挂钩补偿安置政策的探索与创新

（一）四川省增减挂钩补偿安置政策

1.《四川省城乡建设用地增减挂钩试点管理办法》

2008 年，四川省人民政府印发了《四川省城乡建设用地增减挂钩试点管理办法》（川府发〔2011〕10 号），涉及补偿安置政策有：一是充分尊重农民群众意愿，维护集体和农民合法权益。二是项目区立项申报材料中，需有经 2/3 以上村民代表或村民会议 2/3 以上成员同意并签字、乡镇、村社签章同意的进行农村建设用地整理的意见书，以及涉及拆迁的农户同意拆迁的意见书。三是挂钩项目经批准、实施并验收后，其中涉及需要征收的土地原则上应一次性申报。补偿安置标准必须按现行的土地管理法律法规和补偿安置政策执行。

可见，四川省出台的政策中，提到了"补偿安置标准必须按现行的土地管理法律法规和补偿安置政策执行"，但是，在我国现行的《土地管理法》中，并没有专门对增减挂钩补偿安置进行规定，也没有具体的补偿安置政策。四川省的上述提法主要还是针对征地过程中的补偿安置，而征地中的补偿安置政策并不完全适合增减挂钩。

2.《四川省人民政府关于严格规范城乡建设用地增减挂钩试点切实做好农村土地整治工作的实施意见》

2011 年，四川省人民政府印发了《四川省人民政府关于严格规范城乡建设

用地增减挂钩试点切实做好农村土地整治工作的实施意见》（川府发〔2011〕
10号），其中，涉及补偿安置的政策有：一是农民集中居住区的规划选址应充
分征求项目区农民群众的意见，建新区应设置在土地利用总体规划安排的有条
件建设区内。二是要充分尊重农民意愿，建立听证、论证制度，严禁违反规划
和背离农民意愿，强迫农民住高楼。城镇建新区土地增值收益必须及时全部返
还农村，用于支持农业农村发展和改善农民生产生活条件。

总体来讲，四川省对于增减挂钩中农民补偿安置的政策也比较笼统，没有
具体的补偿安置标准和实施办法。

（二）重庆市增减挂钩补偿安置政策

1.《重庆市城乡建设用地增减挂钩试点管理办法（试行）》

2010年，重庆市国土资源与房屋管理局印发了《重庆市城乡建设用地增减
挂钩试点管理办法（试行）》。从补偿安置的政策看，第四条规定："以保护
耕地、保障农民土地权益为出发点，以改善农村生产生活条件，统筹城乡发展
为目标，……尊重群众意见，维护集体和农户土地合法权益；……通过挂钩试
点工作，改善农民生产、生活条件。"第七条规定："了解当地群众的生产生活
条件和建新拆旧意愿，结合中心镇建设、农民新村建设、土地综合整治、高山
移民、地质灾害搬迁和农村危房改造等工作，因地制宜设置项目区。"从资金
的来源来看，第十九条规定："建新地块实行有偿供地所得收益，要优先用于
项目区内农村基础设施建设，支持农村集体发展生产和农民改善生活条件。"
第二十条规定："挂钩周转指标用于控制项目区内建新区用地的规模，按照项
目区实施计划，优先安排拆旧区农民安置及其配套的公共和基础设施建设，节
余的用于城镇建设。"第二十三条规定："拆旧区复垦新增的耕地面积归还挂钩
周转耕地指标，复垦新增的农用地面积归还挂钩周转农用地指标。"

从上述文件内容来看，重庆市增减挂钩中对补偿安置也没有做出具体的
规定。

2.《重庆市农村建设用地复垦项目管理实施细则（试行）》

2014年，重庆市国土资源与房屋管理局印发了《重庆市农村建设用地复垦
项目管理实施细则（试行）》（渝国土房管〔2014〕319号）规定，农村建设
用地复垦项目按指标主要使用方向分为地票交易类、增减挂钩类、拆旧建新
类，具体类型由区县局确定。土地权利人自愿向所属农村集体经济组织申请复
垦；申请复垦农户宅基地及其附属设施用地以外的农村建设用地，需经农村集
体经济组织2/3以上成员或2/3以上成员代表同意。土地权利人申请复垦应具
备以下条件：一是土地权利人有合法稳定住所，在农村新建房屋要扣除建新占
地面积；二是申请复垦农村建设用地符合土地利用总体规划；三是复垦农户宅

基地及其附属设施用地，需提供房地产权证；复垦农户宅基地及其附属设施用地以外的农村建设用地，需提供土地使用证；四是复垦农户除合法途径取得的宅基地外，坚持"一户一宅"；五是申请复垦宅基地存在主体房屋；六是申请复垦农村建设用地界址准确，权属清晰无争议；七是实施农村建设用地复垦不损害相邻关系人合法权益。该实施细则为重庆市开展地票交易规定了具体的政策。

3. 《重庆农村土地交易所管理暂行办法》

2008 年，重庆市人民政府印发了《重庆农村土地交易所管理暂行办法》（渝府发〔2008〕127 号）指出，指标交易（建设用地挂钩指标交易）原则为：一是农村土地复垦必须坚持规划控制、政府指导、农民自愿、统一管理、统一验收；二是农村宅基地及其附属设施用地复垦后，该农村家庭不得另行申请农村宅基地及其附属设施用地。交易价格由市人民政府在综合考虑耕地开垦费、新增建设用地土地有偿使用费等因素的基础上，制定全市统一的城乡建设用地挂钩指标基准交易价格。指标购买用途一是增加等量城镇建设用地；三是指标落地时，冲抵新增建设用地有偿使用费和耕地开垦费。其中，第二十八条规定："农村集体建设用地复垦后的土地，所有权和使用权属本农村集体经济组织。"第三十条规定："农村土地交易价格低于基准价格时，土地所有者有优先回购权；农村土地折资入股后的权益或收益分配权交易，所在农村集体经济组织、农民专业合作社有优先购买权；城乡建设用地挂钩指标交易之前，优先满足集体建设用地。"第三十一条规定："农村宅基地使用权交易收益，原则上大部分归农民家庭所有，小部分归农村集体经济组织所有，具体分配比例由农民家庭和农村集体经济组织协商确定；乡镇企业用地、农村公共设施和公益事业建设用地等集体建设用地使用权交易收益，归农村集体经济组织所有；农村集体经济组织获得的土地交易收益，纳入农村集体财产统一管理，用于本集体经济组织成员分配和社会保障、新农村建设等公益事业。"

（三）陕西省增减挂钩补偿安置政策

1. 《陕西省城乡建设用地增减挂钩试点管理办法（试行）》

2009 年，陕西省国土资源厅印发了《陕西省城乡建设用地增减挂钩试点管理办法（试行）》（陕国土资办发〔2009〕96 号）。其中，涉及补偿安置的政策有：一是先易后难，统筹安排。试点区域的选择考虑各区县的经济实力和工作基础，选择有一定资金保障能力的乡镇先行开展试点。试点单位应根据自身的条件，因地制宜，统筹安排，零拆整建，突出重点，分步实施，积极推进。二是民主自愿，保障权益。尊重群众意愿，切实维护农民的合法权益。三是以城带乡、以工促农。通过挂钩试点工作，改善农民生产、生活条件，促进农业适度规模经营和农村集体经济发展。

2.《关于做好城乡建设用地增减挂钩试点工作 促进全省城乡统筹发展的意见》

2014年，陕西省国土资源厅印发了《关于做好城乡建设用地增减挂钩试点工作 促进全省城乡统筹发展的意见》（陕国土资发〔2014〕58号）。其中，涉及补偿安置的相关政策有：一是市（区）政府要组织力量，利用第二次土地调查成果，开展农村建设用地整治潜力、农民生产生活条件和建新拆旧意愿等调查，进一步摸清增减挂钩潜力，确定增减挂钩试点的规模、布局和开发时序，编制市级增减挂钩试点专项规划，并与土地利用总体规划以及经济社会发展规划、城乡建设规划等相关规划衔接。二是县（市、区）政府要在调查的基础上，编制增减挂钩试点项目区实施规划，合理确定城乡建新用地的比例，优先安排被拆迁农民安置、农村公共设施、非农产业发展等建设用地。防止因研究论证不够充分导致项目区难以实施。严格落实拆旧复垦承诺。认真落实项目区实施规划，多渠道筹措复垦经费，切实纠正"重建新轻复垦"倾向。要引导和规范民间资本参与增减挂钩土地整治行为，切实提高各项资金综合使用效益，确保年度拆旧复垦计划按期完成。

（四）贵州省增减挂钩补偿安置政策

1.《贵州省开展城乡建设用地增减挂钩试点工作指导意见》

2010年，贵州省国土资源厅印发了《贵州省开展城乡建设用地增减挂钩试点工作指导意见》（黔国土资发〔2010〕125号）。其中，涉到补偿安置政策有：一是项目资金要规范使用，与城乡建设用地增减挂钩有关的项目资金专项用于城乡建设用地增减挂钩和农村土地整治，支付村民拆旧补偿和复垦费用，剩余部分用于农村基础设施、公共设施建设。二是在补偿安置方面，要对农村土地整治涉及的土地及地上建筑物、构筑物现状进行调查摸底，制订补偿安置方案，公布补偿标准，依法足额补偿到位，支持村民拆旧建新，改善居住环境。对"一户一宅"被拆旧的农村村民，可在村镇规划区内安排新的宅基地或统一规划建设安置房，保障其生活居住需要。对不需安排新宅基地或安置房的农村村民，在拆旧时依法给予经济补偿。各地要综合考虑农村村民拆旧房屋的面积、质量和净退出的土地面积等因素，确定农户具体的补偿标准。对农村低保户、五保户等困难农户，各地要根据实际制定具体的帮扶政策，妥善安置。三是拆旧地块复垦后的新增耕地，仍归原农村集体经济组织所有，由该农村集体经济组织按《农村土地承包法》的规定发包给村民或由该农村集体经济组织统一经营。各地在农村土地整治前，要认真调查土地利用现状，做到地类和面积清楚、权属无纠纷；农村土地整治后要及时进行变更调查，办理确权、变更登记或注销手续，做到面积准确、产权明晰。四是要创新城乡建设用地增减挂钩工作机制。根据当地实际，积极探索适应现阶段农村改革与发展的城乡建设用地增减挂钩工作机制。加大多渠道筹集资金的力度，除挂钩指标收益外，应多方整合有关涉农资金，探索集体经济组织出资、村企共建、单位和个人捐助等多种形式的投入机制。认真研究新村建设节约集约用地的激励政策，引导少占甚至不占耕地。积极探索农村土地流转办法，促进城乡建设用地增减挂钩工作。

2. 《贵州省城乡建设用地增减挂钩试点项目管理暂行办法》

2011 年，贵州省国土资源厅印发了《贵州省城乡建设用地增减挂钩试点项目管理暂行办法》（黔国土资发〔2011〕44 号）。其中，涉及补偿安置的政策有：一是城乡建设增减挂钩试点项目建设应遵循以下原则：群众自愿；不损害农民权益和利益；城乡建设用地总量平衡；项目区耕地数量不减少，质量不降低；土地增值收益必须及时全部返还农村。二是根据第十三条和第十四条的规定，建新安置区和拆旧区可按照先建后拆的顺序进行建设；在补偿到位、农民同意的前提下可同步进行。建新安置区要严格按项目实施规划建设，可采取统规统建和统规自建方式建设。

从西部地区增减挂钩实践来看，除了贵州省提出了一些稍微具体一点的补偿安置标准以外，其他典型地区基本上是地方政府及乡镇、村集体进行增减挂钩补偿安置的探索和总结。

第二节　典型地区增减挂钩补偿安置案例经验

一、四川省成都市增减挂钩补偿安置的经验

（一）金堂县隆盛镇新开村"自挂"模式的补偿安置

1. 基本情况

四川省成都市金堂县隆盛镇新开村位于隆盛镇人民政府东南部，东邻转龙镇，南接竹篙镇，西靠高板镇，并与德阳市中江县接壤，距县城48 千米，距成都市区 60 千米。新开村由原来的新开村和大桥村合并而成，全村面积 5.31平方千米，辖 22 个村民小组，人口共计 3006 人 906 户。其中，耕地面积 3768亩（包括水田 878 亩，旱地 2890 亩），退耕还林面积 900 余亩，耕地荒废面积1000 余亩，另有三个村民小组土地流转用于种植红宝石李子和清脆李子，宅基地已经确权登记颁证，面积为 100 余亩，村民收入来源包括退耕还林补助〔105 元/（亩·年）〕、耕地保护基金〔基本农田 400 元/（亩·年）、一般农田

340 元/（亩·年）]、外出务工及经商收入、土地流转收入、务农收入等，目前年人均收入达 10000 余元。

新开村城乡建设用地增减挂钩项目于 2010 年 1 月份启动，目前，项目已经基本完成，拆旧区拆除并复垦农民宅基地 100 余亩，农民集中安置点共有 3 个，分别位于新开村、隆盛镇和黄桷桠村，其中，新开村集中安置农户 80 余户，接入电、光纤，自来水和天然气管网。

2. 新开村增减挂钩补偿安置主要内容

1）占地补偿

隆盛镇新开村在增减挂钩项目实施中主要通过以下两个途径对农民进行补偿：一是拆旧区对复垦宅基地及拆除房屋给予补偿；二是对集中居住的新建社区所占土地的补偿。

（1）拆旧区补偿。新开村在实施增减挂钩项目的过程中，对于拆旧区农户的补偿采取按人头给予补偿的方法，不考虑宅基地面积的大小以及拆除房屋的补偿。具体标准为：新开村集中居住区补贴标准为 10000 元/人，隆盛镇安置区补贴标准为 12000 元/人，黄桷桠村安置区补贴标准为 13000 元/人。例如，如果一户有 5 人的农户选择居住在新开村集中居住区，那么该户总共可以获得50000 元补贴。

（2）建新区占地补偿。新开村集中居住区建设占用土地的补偿也采取的是一次性货币化补偿。新开村集中居住区所占土地原为承包到户的林地，新开村采取一次性买断其承包经营权的方式予以补偿，即除去青苗补偿费以外，按照20300 元/亩的标准对集中居住区原农户予以补偿。

2）农户安置

（1）新区安置。新开村集中居住区的建设，采取的是"先建后拆"的形式，即先修建集中居住区住房，农户全部搬进来后，再将农户原宅基地及房屋等附属物进行拆除与复垦。新开村农民集中居住区一共规划设计了三种户型：分别为小户型 104 平方米、中等户型 119 平方米和大户型 148 平方米，房屋一般为二层楼房。房屋分配方式为：一是报名参加项目时，农户就需要在三种户型中选择一种，且每个农户只能选择一套房屋；二是当房屋建成后，根据每个户型的户数，分成三个档次，通过抓阄的方式进行分房；三是农户按照自己所得房屋的建筑面积，按照 850 元/米² 的标准支付购房款，政府给予 1 万元/人的住房补贴（即前面所提的拆迁补偿）。

（2）户籍管理及新增人口用地分配。新开村集中居住区采取居民小区的管理模式，但是集中居住区农户的户口并未做改变，原来属于哪个村民小组，搬进集中居住区以后仍然归属于哪个村民小组。当集体组织成员因婚嫁需分户时，可以有条件地进行新划分宅基地。例如，一户人家儿子结婚，并提供了女方放弃原所在集体土地的证明以后（需要女方放弃原集体宅基地的证明，假设女方放弃30平方米，男方就可以多申请30平方米），那么就可以在嫁入集体组织内申请同样面积的宅基地用于修建住宅。具体程序为：本人申请—村委会讨论—报乡国土资源所—选址。

3. 做法与经验

在金堂县隆盛镇新开村增减挂钩补偿安置中，为确保农民群众自主、自愿、自治贯穿全过程，村民议事会发挥了巨大作用，讨论并决策了包括安置居住区选址、建设、施工单位确定等重大事项。

（1）建立充分反映民意的村民议事决策机构。为确保补偿安置中农民的知情权和参与权，尊重并维护村民利益，新开村在正式启动增减挂钩项目之前，积极完善基层议事决策机制，在原有村民委员会、村民代表大会基础上，针对该项目成立了村民议事会以及村民监督委员会。村民代表大会由各个村民小组直接选举产生，新开村村民代表大会共由59名村民代表组成，再从这59名村民代表中选出46名村民议事会成员，确保每个村民小组至少有2名议事会成员，监事会成员从村民议事会成员里面选举产生。其中，村民议事会主要负责重大事项的决策，监事会主要负责监督项目财务公开情况及工程实施情况。

（2）根据农民的意愿选择集中居住区。农民集中居住点选址哪里最合适，只有当地群众最清楚。新开村实施增减挂钩项目的过程中，在农民集中居住区选址方面充分尊重村民议事会的决策权力。首先，由村委会初步确定选址；其次，报请村民议事会充分讨论并最终定址，选址经村民议事会决定后；再次，向乡镇人民政府申请并向国土资源部门办理手续；最后，由乡镇政府出面报县规划局审批。

（3）由村民议事会负责工程招投标及工程质量监督。由于住房问题涉及农民的切身利益，新开村搬迁农民十分关心和关注，为此，新开村集中居住区基础设施建设和农房建设工程招投标是在村民议事会组织和监督下，按照尽量节约工程建设资金和"公平、公开、公正"的原则，坚持让广大建房农户全程参与工程招投标工作。新开村在项目选址确定以后，严格按照国家关于项目招投标的有关规定，事前对项目及各施工单位进行充分论证，按规定召开项目招标会确定中标单位，并对项目招投标结果进行充分公示。在项目实施过程中，充分发挥群众监督的作用，由议事会专门负责工程项目质量的监督，以确保项目建设质量符合国家相关规定。

（二）青白江区福洪乡先锋村"小挂"模式的补偿安置

1. 基本概况

福洪乡位于青白江区西南部，距离成都主城区19千米，属成都平原和龙泉山脉过渡地带，是典型的纯农业乡镇，坊间山梁相接，河渠纵横，阡陌交错，地势起伏，土地肥沃，生态环境良好，传统农业发达。全镇辖 9 个村 131 个村民小组，面积 39.36 平方千米，耕地面积 28266.7 亩，人口 29064 人，是远近闻名的"藏毯之乡""东山杏都"。

2010 年，福洪乡提出全域福洪开发战略，在已完成 4 个村建设用地增减挂钩项目的基础上，启动农民集中建房整理项目，以完善其产业发展和村民就业配套建设。拆旧地块位于先锋村，在福洪乡东北部，毗邻拦冲村、团结村、姚渡镇凉水村、龙王镇，全村面积 4.20 平方千米，辖 16 个村民小组，耕地 3700 余亩，农户 911 户，人口 2893 人，年人均收入 11000 余元。农民集中安置区位于福洪乡新型场镇核心区域内，配套了商业经营用房、生产经营用房、社区文化广场和体育运动设施，全部占地面积 264.6 亩，可容纳 909 户村民。目前，实际入住农户约 770 户，2500 余人集中居住；另有 67 户选择本村就地安置。

该项目由福洪乡先锋村自主引进社会投资主体——四川和盛家园投资集团有限公司，并与之展开了全面合作。该项目于 2012 年 2 月 16 日正式动工，进行集体建设用地整理、农民拆旧搬迁、社区集中安置、基础配套设施建设和宅基地复垦等工作。先锋村项目节余的集体建设用地指标将用于福洪乡本地产业发展，重点用于乡村休闲度假、健康养身旅游产业、服装家纺生产、农艺产品生产加工和生态农业衍生产业发展，以及城镇规模提升和市政配套服务功能升级等，解决长期困扰地方发展的产业用地和城镇用地难问题。

2. 补偿安置内容

成都市青白江区福洪乡先锋村"小挂"项目补偿安置主要包括 3 个内容：占地补偿、住房安置、就业安置。

1）占地补偿

（1）拆旧区拆迁补偿。《先锋村实施土地综合整治"拆院并院"项目推进农村新型社区建设实施细则（定稿）》在占地补偿中做出如下规定：一是完全自愿搬迁的农户房屋搬迁补助，按房屋确权颁证面积及类型进行补偿（砖房 230 元/米^2），一般简单房屋 140 元/米^2，其他附属物和构筑物不再补偿；二是建筑物残值按补偿金额的 1% 折价统一回收并拆除；三是在项目实施规定时间内腾出旧房及宅基地复垦（应复尽复）后，给予补偿金额的 10% 作为奖励，并给予 100 元/人的搬家费；四是复垦施工后的面积实测，按 2000 元/亩进行奖励；五是有标牌的古树名木，按照《成都市古树名木管理条例》规定执行。

（2）集中居住建新区占地补偿。根据《青白江福洪乡农民集中居住区及产业配套用地土地流转协议》，对农民集中安置的新型社区需占用的土地，以土地租赁的方式，由团结村村委会（甲方）代表8、14、15组流转给成都和盛福洪投资有限公司（乙方），流转年限为17年（2011年10月1日至2028年9月30日，即协议签订之日起至第二轮土地承包期结束），协议到期后，按照地方与团结村按照下一轮土地承包相关政策重新签订土地流转协议（图4-1）。

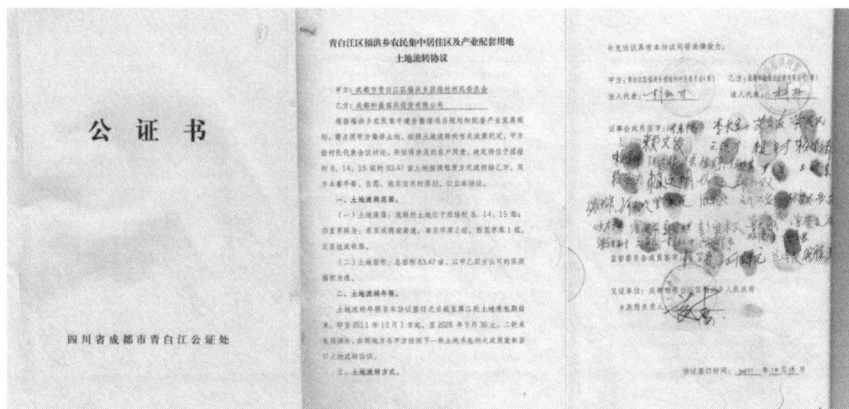

图4-1　项目集中安置建新区土地流转协议

一是建新区范围内农用地补偿。需要改变农用地性质用于建设的地块，在乙方取得相关审批手续后，按协议补充签订《集体建设用地流转协议》；不需要"农转用"的地块（包括需"农转用"但暂未实施的地块），仍保留农用地性质，涉及国家对农民的政策性补助归原农户所有。土地流转区域同价补偿，价格由双方协商定为700斤大米/(亩·年)，并依据相关规定以现金支付。流转费用按年租金方式直接支付到甲方指定账户，由团结村集体和被占地农户自行议定流转费的具体分配和使用。在流转期限届满时，乙方有权在同等条件下优先续租，若不再要求续租，项目用地上的地上建筑物、附着物由乙方负责处置。如果乙方向第三方转租流转土地，需以书面形式告知甲方，在不影响甲方利益前提下，甲方应保障乙方的该项权利行使。

二是先锋村建新区范围内宅基地补偿。补偿标准参照先锋村土地综合整治搬迁安置政策执行：①搬迁农户的房屋搬迁补助按房屋确权颁证面积及类型（砖230元/米^2，简140元/米^2）计算，附属物和构筑物不再补偿；②建筑物残值按补偿金额的1%折价统一回收并拆除；③对于按时腾出旧房并搬迁的农户，给予补偿金额的10%作为奖励及100元/人的搬家费；④对涉及拆迁过渡的搬迁户，给予800元/年的过渡费补助，不足一年的按月据实结算。

2）新区安置

先锋村项目农民安置分为三类四项：货币化安置、场镇安置、本村统规统建和统规自建安置。

（1）货币化安置。对自愿放弃安置的搬迁农户，按社区安置标准（30米²/人）进行补助，补助标准为800元/米²，即24000元/人。自愿放弃社区安置的搬迁农户，要有固定住所和稳定的收入，并提供相关证明。

（2）场镇安置。一是建房方式为统建多层商住楼，对搬迁农户居住房按30米²/人建筑面积进行安置。对农户收取的住房价格实行楼层差额计价：一楼、二楼280元/米²，三楼240元/米²，四楼220元/米²，五楼200元/米²，六楼180元/米²；二是在场镇统规统建安置的搬迁农户购买生产经营铺面的，赠送1米²/人，优惠政策只针对集体经济组织成员；每间铺面赠送面积不超过3平方米，其余面积按市场价计算。

（3）本村统规统建。一是建房方式为统建多层住宅楼，对搬迁农户居住房按30米²/人建筑面积进行安置。对农户收取的住房价格实行楼层差额计价：一楼380元/米²，二楼380元/米²，三楼360元/米²，四楼350元/米²，五楼320元/米²，六楼280元/米²；二是在规定的住房安置面积基础上，本项目区内按5米²/人统一规划建设用地面积和位置，由项目业主按500元/米²补助给村集体经济组织，作为该新型社区内搬迁建房农户的生产用房基础配套费；三是超过安置标准3米²/人以内的，超出部分按1000元/米²结算；超过安置标准3米²/人以上的，超出部分按1800元/米²结算。每户最多不能超过安置标准30平方米，因户型设计超出的人均安置面积，按人均安置30平方米以内的价格计算。

（4）本村统规自建。本村统规自建，实行统一规划，统一设计方案，配套基础设施，农户自行选择户型并自行决策修建，其人均占地面积不超过统规自建的人均占地面积。对选择统规自建的农户按13000元/人的标准给予建房补助，统规自建农户不享受生产用房的相关政策。

入住农村新型社区的农户，按选择户型（包括统规统建房和统规自建房）的建筑面积以50元/米²计算，缴纳社区建设占地使用费，主要用于支付对社区占地的土地流转金。

3）就业安置

（1）项目建设及运营安置。根据《青白江福洪乡农民集中居住区及产业配套用地土地流转协议》，流转土地范围内的项目建设及运营过程所需的劳动用工在同等条件下应优先聘用团结村人员。

（2）利用项目节余建设用地指标进行建设及运营的产业，在同等条件下优先聘用先锋村、民主村、字库村、团结村村民，男村民日薪为45元，女村民日薪为40元；根据福洪乡产业规划布局，依托增减挂钩和农民集中建设项目进行的重要产业。例如，明湖农业产业园、福洪杏标准化生产基地、星兴生态园、杏花村旅游景区等，可解决周边7000余人的就业问题。

3. 做法与经验

福洪乡先锋村在对农民集中居住区进行建设规划过程中，充分考虑农民集中居住区经济发展的需要，以建设花园式场镇社区为主要内容，配套了商业经营用房、生产经营用房、社区文化广场和体育运动设施，共规划534套商业经营性用房，目前，已有300余户商铺开业经营。

（1）坚持农民主体，转变工作方式。在开展集体建房整理项目过程中，改变过去由政府或集体主导的观念和做法，充分尊重农民的意愿，切实发挥农民的主体作用。在项目启动初期，以村民小组为单位，以社员大会的形式对招商引资协议相关条款细节进行解释，并经过全体社员统一确定招商细则。坚持"民事民议民定"的办法，以社员大会形式争取农户意见、收集并梳理农户意见，从而确定集中建房具体条款。例如，投资协议、补偿标准、安置地点、新型社区户型设计等，在此之后，由农户自愿报名参加项目，并自由选择采取房屋安置还是货币化安置，选择住房安置的农户还可以在两个安置点进行自由选择。房屋建设过程中，房屋户型、楼层、外观、颜色等由农户选择。集中居住区建成后，房屋分配是尊重农民意愿采取抽签方式分配，并允许农户互换抽到的房屋，以照顾有特殊要求的农户。在分配预留的集体经营性建设用地指标时，允许农户在规划的若干地块中自主决定将属于自己的集体经营性建设用地指标落在哪个地块。据调查，先锋村村民自愿参与率达90%以上。

（2）发挥市场机制，吸引社会资金。坚持变资源为资本，算好经济账。为充分发挥集体建设用地的资本属性，先锋村作为村级集体经济组织，自主引进社会投资主体——四川和盛家园投资集团有限公司（以下简称和盛公司）入驻福洪乡，双方就项目实施展开了合作。由和盛公司全面负责先锋村集体建房整理项目。首先，由和盛公司垫资，对先锋村参与项目的农户的宅基地和其他集体建设用地进行拆除复垦，并按照规划建设农民集中安置区，和盛公司获得农民集中安置区所得经营性用房（商铺）和结余的建设用地指标。然后，一方面，和盛公司通过开发租售商铺获得收益；另一方面，通过出售指标获得收益，每亩建设用地指标交易价格约为30万元。先锋村农民集中建房整理项目节余的集体建设用地，将按照国家法规和地方政策，用于福洪乡本地产业发展。依照全域发展规划，节余用地重点用于乡村休闲度假、健康养身旅游产业、服装家纺生产、农艺产品生产加工和生态农业衍生产业发展，以及城镇规模提升和市政配套服务功能升级等，解决长期困扰地方发展的产业用地和城镇用地难问题，建设了一批优秀项目。例如，玫瑰主题园、杏花旅游项目等。洪福镇增减挂钩项目通过引入社会资金，充分发挥市场机制，实现了集体建设用地资本价值，促进产业发展，拉动当地经济增长。

（3）建设新型社区，促进农村可持续发展。明确安置方式和内容。经征求农民意愿，主要采用统规统建、统规自建、货币化补偿三种安置方式。对选择统规统建的农户，按 4 层标准设计建设，新场镇安置点每人可按 280 元/米² 标准（一楼标准）购买 30 平方米建筑面积，先锋村安置点每人可按约 280 元/米² 标准（一楼标准）购买 30 平方米建筑面积；对选择统规自建的农户，按人均 18000 元标准发放建房补助，农户按人均 35 平方米的宅基地面积建设；对于选择货币化补偿的农户，按人均 24000 元的标准予以补偿。以花园式场镇社区为标准建设农民集中居住区，为满足农民生产、生活需要，在项目区内配套建设商业经营用房、生产经营用房、社区文化广场和体育运动设施，建立"人口合理集聚、产业支撑有力、功能设施齐全、环境优美和谐"的综合型场镇社区。采取"货币补偿"（年付租金或一次性补偿）的方式，通过"农转用"，做好农村新型社区建设占用土地的权属调整工作，促进农村新型社区快建快峻工。

（4）"两化互动"，促进农业现代化。先锋村积极抓住开展集中建房整理项目的契机，把握福洪乡全域开发的战略机遇，实现新型城镇化和农业现代化的有机结合，有效促进农地流转，促进土地规模化、专业化经营，提高土地效益。实施整理项目后，耕地更加集中连片，为大规模流转提供良好的基础。目前，先锋村土地经营格局为"一个合作社+两个大型涉农企业+若干小业主"。先锋村农业生产合作社于 2010 成立，村党支部书记任合作社法人，目前，合作社种植土地面积 2000 余亩，其中，400 亩为合作社经营。另外，1600 余亩采取"农户+合作社"经营模式，涉及农户 200 余户，种植作业以黑花生等特色作物为主；2013 年引进专业从事花卉苗木业务的宇阳公司，流转本村土地 600 余亩，该项目于 2014 年正式建设，主要种植花卉苗木，将进一步发展林木产业、观光产业；第 9 村民小组 500 余亩土地全部流转用于发展药材、水产及综合服务产业。先锋村向 7 位业主小规模地流转一些土地用于建设葡萄基地、药材种植基地及养殖基地等。先锋村 3700 余亩耕地大部分实现了规模化、专业化经营，基本实现了农业现代化。

（三）邛崃市冉义镇"异挂"模式的补偿安置

冉义镇位于成都市邛崃市东北部，与大邑、新津两县交界，地势平坦，无山地丘陵，为平坝地区，西北高，东西低，属都江堰自流灌溉区，水源丰富，主要河流水系为斜江河、东河。黄沙堎、三轮堎为灌溉主干渠。冉义镇属四川盆地亚热带湿润季风气候区，四季分明，平均年降雨量 1147 毫米，冬无严寒，夏无酷暑，年平均气温为 16~18 摄氏度，热量丰富、雨量充沛，多阴少霜，无霜期长达 280 天，适宜农作物生长。全镇行政区总面积 55142 亩，南北长 9.98 千米，东西长 11.1 千米，辖区内 9 个村和 2 个社区，其中，耕地面积 32747.9

亩。全镇总户数 9356 户，总人口 30688 人，其中，农业人口 27374 人，非农业人口 3314 人。2014 年人均纯收入 13494 元。

1. 冉义镇土地综合整治项目概况

为贯彻落实《四川省国土资源厅 四川省财政厅关于加快编制和实施土地整治规划大力推进高标准基本农田建设的通知》（川国土资发〔2012〕127 号）文件精神，在充分尊重群众意见的基础上，冉义镇规划实施了 3 个农用地整理项目（两个改造完善和一个全面整治）和 11 个城乡建设用地增减挂钩项目，规划建成高标准基本农田约 3.9 万亩，节余建设用地指标约 4500 亩，新增耕地 872 亩，项目总投资约 15.7 亿元。已建成集镇、火星、英汉 3 个农民集中居住区，共计占地面积 2106 亩，建筑面积约 92 万平方米，集中安置村民 6733 户 21616 人，2015 年农历年前完成所有设施建设并交付村民入住。全镇城镇化率达到 85%。新村建设按照生态、文态、形态、业态"四态合一"理念规划，并按城市肌理标准完善基础设施及公共服务设施配套，规划建设幼儿园、社区综合服务中心、市政广场、农贸市场等（1+28）公共服务配套设施。藏民族用品文化方面：建设藏民族用品手工加工销售一条街，以产品展示、企业文化、藏民族用品、节庆用品、日常生活用品展览等形式，将冉义镇打造成为城乡统筹、环境优美、功能齐全的城镇综合体。

目前，冉义镇农业产业以畜禽养殖、优质粮油两大优势产业和食用菌种植和淡水鱼养殖为特色产业，正在规划大规模发展畜禽养殖、优质粮油。结合高标准基本农田建设，冉义镇依靠土地规模流转经营实质性引进了成都金卓农业有限公司、四川川娇农牧发展有限公司两家农业产业化龙头企业，流转面积约 1 万亩，并成立了 10 个农业发展合作社。全镇共有劳动力 18423 人，其中，从事农业产业劳动 820 人，从事民族用品加工等手工业 3500 人，从事建筑业 1500 人，从事服务业 220 人，邛崃市内务工 2747 人，其中，羊安临邛工业园区就业 950 人，外出务工 9034 人，基本实现充分就业。

2. 补偿安置主要内容

1）占地补偿

冉义镇增减挂钩项目中的占地补偿包括以下主要内容：

（1）农户补偿。拆迁新建农户以户为单位每人补助 8000 元，根据项目的实际进展情况分阶段支付。对于人员的认定，以享有宅基地使用权和房屋所有权两证为依据。新生儿、正常婚嫁经村委会审查，报镇政府审核通过为准。农户原宅基地面积扣除农户新村综合占地面积后，节余的建设用地面积按 30 元/米^2 给予补偿。其中，原宅基地面积以产权证书为依据，并以复核确认的实际还耕面积计算；新村综合占地面积等于农户新村建房占地面积与新村公共基础设施户均公摊面积之和。

（2）拆旧补偿。拆建户原拆旧房屋建筑面积大于现在集中居住新村住房建筑面积的，多余部分按不同的建筑结构方式给予补助：一般土坯房为150元/米²，一般砖木结构房屋为315元/米²，一般砖混结构为450元/米²。原房屋建筑面积以产权证书为依据并经实地丈量认定，违法建筑不予补偿。

（3）宅基地退出补偿。对于自愿放弃宅基地，不再申请新宅基地的农户，经本人申请由所在村集体经济组织审查，冉义镇人民政府审核通过后，对其还耕的宅基地面积，按105元/米²给予补偿。房屋建筑面积按照拆旧补偿标准给予补助。

（4）青苗及地上附着物补偿。邛崃市土地综合整治青苗及地上附着物按照《邛崃市农村土地综合整治涉及青苗和地上附着物补偿标准》规定实施（表4-1）。

表4-1　邛崃市农村土地综合整治涉及青苗和地上附着物补偿标准

类别	规格	补偿标准	备注	
水田	—	1032元/亩		工程施工涉及部分
旱地	—			
茶园	三年及以上茶龄	6000元/亩	与其他农作物间种的茶苗按面积折算补偿	
	二年茶龄	4000元/亩		
	一年茶龄	2000元/亩		
	新栽茶苗	1000元/亩		
果树	盛果	50元/株	零星	
	未挂果	15元/株	零星	
	苗圃	1000元/亩	成片	
树	胸径5厘米以下	8元/株	零星	补偿后归原业主所有，并负责移栽
	胸径5~10厘米	20元/株	零星	
	胸径11~20厘米	63元/株	零星	
	胸径20厘米以上	140元/株	零星	
竹子	胸径3厘米以上	2元/根	零星	
坟	普通土堆坟	800元/座	自行安置，无主坟不予补偿	
	砖、石、水泥修砌	1000元/座		
	砖、石、水泥修砌，并加有花岗岩	1200元/座		
鱼塘	浆砌	4800元/亩	含养殖过渡费	
	土塘	3200元/亩		

注：项目工程批准实施之日起抢种、抢栽的一律不予补偿。

（5）过渡安置。过渡安置主要指拆除完成前十日至交房之日，在此期间支付每人每月的过渡费，时间自房屋拆除完成前十日起至交房之日止。标准为一年以内 140 元/（月·人），一年以上为 280 元/（月·人）。

（6）搬迁强度和拆迁进度奖惩。一是以组为单位进行考核。农户建房集中度未达到应搬迁户总数 70% 的，每少 1 个百分点人均扣 100 元，直至扣完 2000 元为止。农户建房集中度达到应搬迁户总数 70%~80% 的，不奖不惩。以组为单位进行考核。农户建房集中度达到应搬迁户总数 80% 的，每增加 1 个百分点，人均提高建房补助 200 元。以组为单位农户建房集中度达到应搬迁户总数 100% 的，全组人均再奖励 1000 元。二是拆建户在规定的时间内拆除完毕，经验收后合格的，给予一次性 2000 元/户的奖励，超期未拆完的，不予奖励，每延期一天扣减 100 元的建房补助，直至扣完 3000 元为止。

2）农户安置

农民集中居住新区规划人均综合用地面积 65 平方米，其中，人均宅基地占地面积 35 平方米，人均配套设施占地面积 30 平方米。根据农民意愿搭建具体的建筑形态，建新区采取多层和低层相结合的统规统建的方式进行安置。

在新村建房以户为单位，入住多层建筑和高层的农户人均综合占地面积小于 60 平方米的节余部分，按 105 元/米^2 给予补助。对于入住多层建筑和高层的农户，根据多层建筑每平方米造价，按照农户入住楼层不同实行楼层差价补差。具体差价由入住多层农户集体议定。入住多层房屋的农户以户为单位，每户奖励 2 万元。

3. 做法与经验

（1）成立项目区议事会，充分尊重群众意愿。为了顺利推进邛崃市土地综合整治项目工作，冉义镇专门成立了 110 人的项目区议事会。成员全部是自愿报名参加了项目的农户，细化分工成招投标比选工作组、拆旧建新相关政策的制定及宣传工作组、建新区项目建设质量监管工作组。议事会参与了土地综合整治项目的全过程，充分体现了群众的意愿，切实维护和保障了群众的利益。尤其是在具体的拆迁补偿及建新过程中，包括拆迁时间，拆迁范围，拆迁涉及的成员资格认定，拆迁补偿的标准及方式，建新区的建设单位选择、价格、建新区房屋的分配方式等，全部是由议事会成员召开会议进行商讨研究最终确定，形成会议纪要并向各村村民公布。这样，项目具体政策的决定，是由参加了土地综合整治项目的群众商讨确定的，有一个自上而下，再自下而上的反馈机制，体现了农民的诉求，保障了农民自身的利益。

（2）发展特色产业，解决农民就业问题。邛崃市冉义镇依托自身资源优势和特色，走两条特色产业发展道路：一是进行农用地综合整理，走高标准农田道路，引进大型企业进行农业规模化、现代化和产业化生产。主要操作方式是：成立了土地合作社和农机合作社，由农民自愿将承包土地交给土地合作社进行统一整理，再通过招商引资将土地流转给大型农业公司，由农业公司统一规划、高标准投入，规模化种植，发展现代农业。高标准农田的建设和发展，一方面，可以激发农用地的生产活力，提高农业经营效益，同时，农业公司也要聘请一部分农业劳动者；另一方面，能一定程度上解决当地的就业问题，农民除了获得土地流转收益，还能挣得劳动工资，增加了收入来源，改善了农民的生活和经济条件。二是发展民族手工业，扩大特色藏文化用品生产基地，解决大量农民就业问题。冉义镇新民村，早在晚清时期就开始生产藏族文化用品，迄今已有百余年的发展历史，自发形成了 30 余家藏文化用品生产企业。冉义镇规划未来设立工业园区，为企业提供更好的环境和条件，进一步发展壮大藏文化用品生产，吸纳更多的当地农民就业。

二、四川省自贡市增减挂钩补偿安置的经验

（一）基本概况

自贡市位于四川盆地及成渝经济圈南部，东邻隆昌、泸县，南界江安、南溪、宜宾，西邻犍为、井研，北靠威远、内江，面积 4373.13 平方千米，境内地貌为低山丘陵，低山面积约占全市总面积的 17%，丘陵面积约占 80%，平坝面积仅占 3%。自贡市下辖 4 区 2 县，全域人口 325 万人。城市化程度较高，截至 2013 年年底为 45.52%。农村外出务工人员比例高，外出 90 万人，占农业人口的 41%。农民务农范围半径小，基本小于 1 千米。

自 2009 年以来，自贡市先后申报立项并组织实施了 21 个城乡建设用地增减挂钩试点项目。共申报使用挂钩周转指标 536.23 公顷，截至目前，已通过四川省原国土资源厅验收项目 13 个，归还挂钩周转指标 227.19 公顷，节余建设用地指标 161.87 公顷。2013 年，自贡市获国土资源部批准，成为全国唯一深化改革城乡建设用地增减挂钩试点地区；2014 年 9 月，自贡市人民政府出台了《自贡市深化城乡建设用地增减挂钩试点实施办法》（自府函〔2014〕106号）及 2014 年自贡市国土资源局下发的《自贡市深化城乡建设用地增减挂钩试点项目节余挂钩周转指标交易办法》和《自贡市深化城乡建设用地增减挂钩试点项目实施操作指南（试行）》，就深化城乡建设用地增减挂钩试点总体思路、工作原则、项目区设置、项目编制与实施、挂钩周转指标管理及节余挂钩周转指标交易等方面予以明确、规范和探索，为推进深化城乡建设用地增减挂钩试点提供了政策保障。

2013 年、2014 年四川省国土资源厅下达自贡市挂钩周转指标总规模263.25 公顷，自贡市国土资源局根据各区县申请实施项目情况，将挂钩周转指标分配给荣县 60 公顷、富顺县 50 公顷，其余挂钩周转指标用于中心四城区集

中安置和货币化安置方式项目实施。截至 2016 年年初，已完成拆旧复垦 106.74 公顷，建成农民集中居住区 6 个，安置农户 567 户 2610 人。自流井区 仲权镇群光村、竹元村、建设村率先完成两个深化挂钩试点项目的实施，两项 目已经四川省原国土资源厅终验合格，归还挂钩周转指标 71.00 公顷，获得节 余挂钩周转指标 60.57 公顷，其项目从实施到验收合格只用了一年半的时间。 沿滩区九洪乡莲花村、富全镇 9 个村、荣县双古镇烟坡村，探索集中安置方式 也顺利开展。另外，自贡市农村产权交易中心受理参与深化挂钩试点货币化安 置方式的农户申请 724 户，其中，2015 年受理农户申请 348 户，2016 年第一季 度受理农户申请 376 户，接受咨询达 1 万人次。自贡市土地储备中心对 2015 年 348 户申请农户先行组织实施 1 个深化挂钩试点货币化安置方式项目。先行实 施的货币化安置方式项目，已全部完成拆旧地块立项测绘，并编制了复垦施工 方案，完成拆旧复垦地块 230 个，复垦耕地 185 亩。

（二）补偿安置内容

自贡市增减挂钩项目补偿安置按中心城区和富顺县、荣县两个区域设置， 分为货币化安置和集中区安置两个方面。

1. 货币化安置

自愿参与货币化安置的农户必须符合以下条件之一，并按规定提供相关资 料，自贡市土地储备中心方可支付拆旧复垦指标收购价款：已有城镇住房、与 有城镇住房的直系亲属共同居住或已购买城镇住房或限价商品房。荣县、富顺 县自愿参与货币化安置进中心城区居住的农户，参照中心城区自愿参与农户相 关标准及规定执行。

（1）土地及附着物补偿。根据《自贡市深化城乡建设用地增减挂钩试点实 施办法》的规定，货币化安置方式挂钩项目的拆旧复垦指标收购价格，根据验 收合格的拆旧复垦地块面积和地面建构筑物主体结构确定。具体标准为：主体 结构为土木结构的，收购价格（含地面建构筑物及附着物补偿费，下同）为 16 万元/亩；主体结构为砖木结构的，收购价格为 18 万元/亩；主体结构为砖 混结构的，收购价格为 20 万元/亩。

（2）城镇化安置补贴。货币化安置的农户可申请购买低于市场价格 20% 的 限价商品房，同时，若自愿申请整户登记为城镇居民的，可享受与城镇居民同 等的相关配套政策，鼓励以个体身份参加企业职工基本养老保险，并按拆旧复 垦面积，以 2 万元/（户·亩）的标准给予养老保险补贴。

2. 集中区安置

按照"一户一宅"的原则，在不占用基本农田的前提下，统一编制农民集 中居住区规划设计方案。集中居住区可采取"统规自建"或"统规统建"的方式建设，申请入住的农户原则上要达到 30 户以上，人均综合用地面积不低于 50 平方米，并同步配套实施公共基础设施和公益事业设施建设，建设费用纳入挂钩项目实施成本。

由于集中区安置的补助标准由各区政府自行确定，因此，以沿滩区富全镇代寺村（统规自建）、自流井区仲权镇竹元村（统规统建）为例进行说明。

（1）沿滩区富全镇代寺村面积 328.43 公顷，总人口 500 余户 2400 余人。至今为止共有 60 余户 210 人村民参与代寺村增减挂钩项目，拆旧面积约 100 亩。代寺村增减挂钩采取的是统规自建的集中安置方式，原宅基地根据房屋结构进行补偿：土木结构补偿标准为 350 元/米^2、砖木结构补偿标准为 400 元/米^2、砖混结构补偿标准为 450 元/米^2，以房屋实测建筑面积为准，其他构筑物及附属物（院坝、水井、林盘等）按征地标准执行。村民拿到赔偿款后，自行寻找建筑公司进行工程建设及结算。集中区建设必须符合人均综合用地面积 50 平方米、宅基地人均 30 平方米的标准，政府负责集中区的"五通一平"。

（2）自流井区仲权镇竹元村、群光村项目共实施拆旧地块复垦 176 个，复垦面积 606.36 亩，搬迁农户 279 户，规划了 2 个邻近的集中安置区。其中，调研的竹元村面积约 300 公顷，耕地面积 2293 亩，总人口 730 余户 2600 余人，至今约 1/6 农户 400 余人参与增减挂钩项目。竹元村实行的是统规统建的集中安置方式，宅基地复垦补偿由区政府按照当地征地补偿标准实施，集中区修建中承包地占用进行该轮承包期的一次性货币补偿（被占地农户在下一轮承包期继续享有承包权）28300 元/亩。在项目实施时，首先，村集体开展摸底调查，农户是否自愿参与，其中，自愿参与的农户要缴纳 2 万元的保证金，工程开始时要缴纳 30% 的工程款。其次，农户搬迁后，由政府部门补齐宅基地复垦区的补偿款，并撤销原宅基地使用权证，再给农户补办新区的两证，农户用补偿款缴纳剩余的工程款。最后，集中区按人均 50 平方米的综合用地、30 平方米的建筑面积进行建设，为了满足就近安置需求，竹元村、群光村农户可以根据需求选择不同户型，人均面积若超过 30 平方米，则补齐差价。集中区内商业用地租金、每月 0.30 元/米^2 的物管费作为集体收入，负责配套设施的修建和维护。

（三）做法与经验

自贡市在早期增减挂钩实践中，有以下几大问题亟待解决：①自贡的地形地貌特点不适合项目整村整域推进；②以乡镇为边界的周转指标的使用难以发挥建设用地的土地价值增值，资金渠道及经济效率不足；③挂钩项目实施程序复杂，周期漫长，极易产生不可预料的因素阻碍项目实施。自贡市增减挂钩从五方面进行了探索。

（1）打破行政区域限制，在项目区设置上求拓展。结合城市总体规划，从新型城镇化推进和用地布局调整优化出发，所辖四城区统筹设置挂钩试点区；荣县、富顺县范围内的挂钩试点，可在本县范围内跨乡（镇）设置挂钩试点区。同时，科学编制挂钩试点专项规划，合理布局挂钩试点项目，加强与新型城镇化发展规划、土地利用总体规划、新村建设规划和农村土地综合整治规划的有机联系和协调统一，以规划统揽挂钩试点工作。

（2）充分尊重农民意愿，保障农民的自主权、知情权和参与权，坚决防止农民"被上楼"，优先改善农村生产、生活条件，促进农业适度规模经营和农村集体经济发展，让集体经济组织和农民共享改革成果。突破现行挂钩政策中"只有立项审批时纳入了拆旧区范围的农户才能参加增减挂钩"的规定，凡是愿意参与拆旧建新的农户、集体经济组织，均可以自主申请退出农村集体建设用地。其中，自愿进城居住的农户，可到自贡市农村产权交易中心申请退出原宅基地使用权，并获得相应的旧宅基地拆除复耕补偿价款。申请退出的集体建设用地均可纳入拆旧区管理，以增强项目编制的灵活性。

（3）灵活使用节余指标。一是市级国土资源主管部门根据各区、县人民政府、市级土地储备中心指标需求情况，按照"预先安排、到期归还、动态使用"的原则进行分配。二是将挂钩周转指标预先安排给四区两县及市土地储备中心，各区、县、市土地储备中心自指标分配文件下达之日起两年内用拆旧地块复垦出来的耕地面积归还。在各区、县、市土地储备中心实施的深化挂钩项目推进情况存在不均衡状态时，可根据实际情况调剂已分配或新下达的挂钩周转指标。三是允许在市辖城区或县域内交易节余挂钩周转指标，各区、县根据项目用地需求灵活安排使用节余挂钩周转指标，最大限度地发挥节余周转指标的使用效率。四是按照国家供地政策和节约集约用地要求办理供应或使用手续。乡镇村公益事业、公共设施、村民住宅，以及集体经济组织或村民以土地联营、入股方式合作办企业使用节余挂钩周转指标的，可按规定办理集体建设用地占用手续；其他单位和个人使用节余挂钩周转指标的，应当依法办理土地征收手续后，再办理供地或用地手续，其中，工业、商业、居住等经营性用地，应当依法以招标拍卖挂牌方式供应。

（4）优化项目立项验收审批流程。改变现行挂钩项目须"先立项、后建新拆旧、再验收"的方式，调整为"先建新拆旧、后立项验收"。根据《自贡市深化城乡建设用地增减挂钩专项规划（2013—2017年）》，在农户申请的基础上，一是依据"二调"土地利用现状图、正射影像对应颁发的集体建设用地使用权证确定拆旧地块，开展农户入住新区建设。二是在拆旧区所有拆旧地块完全拆除复垦到位，参与挂钩项目的农户入住新区后，由相关单位按规定组织挂钩试点项目立项和验收资料的编制，上报四川省原国土资源厅立项和验收。三是项目编制将已申请退出的建设用地地块作为拆旧区，将城镇建新区和农民集中区作为建新区，在拆旧区完成复垦后统筹设置项目区，在区域范围内实行项目区管理。避免项目频繁变更，缩短项目立项和实施的周期。

（5）探索多元化安置方式。允许农户根据意愿自主选择农民集中区安置、货币化安置等不同方式。选择货币化安置的，一是农户验收合格的拆旧地块面积，结合地上建筑物主体结构，给予 16 万~20 万元/亩的拆旧地块指标收购价款，同时，对退出旧宅基地后选择货币化安置方式进城的农户享受城镇居民的待遇。二是允许在城镇购买低于市场价 20% 的限价商品房。三是允许自愿申请整户转为城镇居民。凡转为城镇居民的，享受与城镇居民同等的社会保障、教育、就业和户籍等政策，同时，给予农户 2 万元/（户·亩）的养老保险补助。

三、重庆市永川区增减挂钩补偿安置的经验

（一）基本情况

重庆市永川区地处东经 105°38′~106°05′、北纬 28°56′~29°34′，位于重庆西部，是重庆西部和川东南地区重要的商业物资集散地和政治、经济、文化中心。全区面积 1576 平方千米，其中，建成区面积 52 平方千米，现有耕地面积 49802 公顷，人均耕地面积 0.92 亩，辖 16 个镇、7 个街道、45 个社区居委会、210 个行政村。总人口 113.1 万人，其中，非农业人口 37.6 万人，常住人口 108 万人。其中，中心城区人口 54.8 万人，城镇化率达到 63.2%。2014 年地区生产总值实现 512.5 亿元，增长 12.8%，城乡居民收入分别达到 26034 元和 12406 元，增长 10.2% 和 12.4%。

永川区对建设用地需求较大，亟须通过地票或者增减挂钩项目获得城镇新增建设用地指标，由于增减挂钩和地票同时实施，因补偿标准存在差异，容易激发矛盾，所以，永川区主要实施城乡建设用地增减挂钩，并且增减挂钩规模在重庆市所有区县中是最大的，增减挂钩项目面积合计达 6000 余亩。

（二）安置补偿主要内容

1. 占地补偿

（1）农户补偿。一是增减挂钩项目以复垦面积为基准来计算补偿金额，房屋及其他附属物不纳入补偿范围，补偿标准为 12 万元/亩；二是若农户选择在集中居住区重新建房，则以旧宅基地复垦面积与集中居住区占地面积之差额为基准计算补偿金额，补偿标准为 12 万元/亩。

（2）集体补偿。农户集体按照 2.1 万元/亩的标准予以补偿。

2. 农户安置

集中居住区按照 25~30 米²/人的标准划拨宅基地，房屋形式主要为四层楼房；集中居住区房屋由农户自主选择开发商进行建设，农户在政府制定的指导价范围内向开发商购买房屋，同时，政府提供基础设施、公共设施等建设补贴。

四、贵州省黔西南州兴仁县下山镇马乃营村增减挂钩补偿安置的经验

(一) 项目概况

马乃营村位于贵州省黔西南州兴仁县下山镇西南部，距县城 18 千米，离下山镇政府所在地 13 千米，村域面积为 17.29 平方千米，其中，耕地面积为 1665.00 亩。全村辖 12 个村民组，包括上营、下营、旧云、高埂田、院子、关家坟、尖山、田边、磨菇等。共有 749 户 2691 人，其中，农业人口为 2679 人，非农业人口为 12 人，主要聚居民族为汉族、布依族、苗族等。农作物以玉米、水稻为主，主要经济产业有苡仁米、烤烟、何首乌。境内有兴旺、永贵、前进等煤矿企业，群众以农作物种植、煤矿务工、畜禽养殖、运输服务为主要收入来源。

2009 年，贵州省国土资源厅安排了城乡建设用地增减挂钩工作。根据 2010 年城乡建设用地增减挂钩周转指标的相关要求，下达黔西南州城乡建设用地增减挂钩指标 1500 亩，黔西南州安排了 5 个县开展城乡建设用地增减挂钩试点工作，其中，兴仁县为试点县，试点指标 300 亩。拆旧区位于下山镇下山居委会、茅坪村、马乃营村和厂头村，由 24 块拆旧地块组成，涉及拆迁农户有 107 户 457 人，拆除的农村建设用地类型为农村宅基地和废弃的采矿用地，总规模为 300.98 亩，拟复垦为农用地，面积为 300.98 亩，用于归还项目建新留用区使用的挂钩周转指标。建新留用区由 2 块建新地块组成，总面积 300 亩，用于城镇规划建设项目用地。马乃营村原居住地附近有兴旺、致富、前进 3 个煤矿，煤矿的开采造成了山体变动，给该村组的生命财产安全带来了隐患，因此，兴仁县根据增减挂钩、生态移民等政策组织大尖山组组民进行撤离。目前，该组已全部搬迁完毕，农民集中安置点有两个，一个位于马乃营村的未利用地，另一个位于兴仁县城郊。其中，马乃营村未利用地的集中安置点共集中安置农户 38 户，农户已迁入，自来水、电、道路已接通。

(二) 补偿安置主要内容

(1) 拆旧区补偿。农户搬迁补偿主要是根据《黔西南州城镇规划区内集体

土地及房屋征收补偿安置暂行办法》的相关内容来制定的。由于兴仁县增减挂钩项目马乃营片区在实际操作中并未对拆旧—建新进行捆绑及指标节余操作，因此，搬迁补偿主要指房屋的拆迁补偿。按照相关文件的精神，"对被征收房屋及地上附着物的补偿，由县（市）人民政府委托有资质的中介机构，依据被征收房屋的区位、结构、类型、用途等进行评估，拟定房屋征收补偿方案，召开有被征收人和公众代表参加的听证会，按程序公告后发布实施"，因此，最终的执行结果是根据房屋的大小和砖木结构的不同，每户人家所得补偿金额是2万~8万元。如果该户人家的房屋为平房，且有内外装饰的，按照420元/米^{2}进行补偿，没有装饰的，按360~380元/米^{2}进行补偿。其中，380元/米^{2}的是标砖盖的，340~360元/米^{2}的是水泥砖盖的。每户人家的院坝按照32元/米^{2}进行补偿，但树木没有补偿。

（2）建新区安置。马乃营村大尖山组搬迁涉及57户人，其中，38户在本村就近安置，剩余19户通过生态移民至兴仁县城郊集中安置。

一是本村就近安置。该安置点属于本村的异地搬迁，为"先建后拆"模式，补偿金也是按建设阶段领取。大尖山组农户拆迁一部分原居住地的房屋，并且建设一部分新安置点的房屋，就可以领一部分补偿金，完全拆迁后才可以领到全部补偿金。例如，政府把一个宅基地划给一户人家，这户人家打下地基，就可以领取20%的补偿金，把墙盖好了，又可以领取30%的补偿金，这样加起来就是领到50%的补偿金。把新房的顶板盖了，再把旧居住点的房屋拆了，彻底把家搬过来以后，就可以领取剩下的50%补偿金。由当地煤矿业主和省国土资源厅共同出资，对安置区进行"三通一平"，电信也在该安置点建设了基站。当地政府计划在"十三五"期间修整道路，加设路灯、太阳能、垃圾箱等基础设施，提高安置点的生活环境质量。

二是城郊集中安置。生态移民项目在兴仁县周边有几个安置小区，选择这个安置点的组民可以自由选择所居住的小区。每套房60~80平方米，每户人家缴纳3万~5万元，剩下部分要缴纳的金额则由国家补贴，平均每人能够享受补贴1.5万~2万元，一户人家大概是3万元。

第五章　城乡建设用地增减挂钩政策运行效应

本章第一节重点分析增减挂钩政策支持脱贫攻坚的成效，第二节基于案例调查，分析成都市城乡建设用地增减挂钩政策运行效应。

第一节　增减挂钩政策的精准扶贫效应

一、增减挂钩支持精准扶贫的政策要求

为了贯彻落实《中共中央 国务院关于打赢脱贫攻坚战的决定》，发挥城乡建设用地增减挂钩政策对扶贫开发及易地扶贫搬迁的支持促进作用，2016 年以来，国土资源部提出了运用增减挂钩支持精准扶贫的一系列超常规政策举措。2016 年 2 月，《国土资源部关于用好用活增减挂钩政策积极支持扶贫开发及易地扶贫搬迁工作的通知》（国土资规〔2016〕2 号）首次提出集中连片特困地区、国家扶贫开发工作重点县和开展易地扶贫搬迁的扶贫老区可将增减挂钩节余指标在省域范围内流转使用。2016 年 5 月，在举办的土地政策支持扶贫开发及易地扶贫搬迁培训班中解读了增减挂钩支持扶贫开发主要政策，特别是在省域范围内流转使用增减挂钩节余指标的实施路径和保障措施。2017 年 4 月，《国土资源部关于进一步运用增减挂钩政策支持脱贫攻坚的通知》（国土资发〔2017〕41 号）将增减挂钩节余指标在省域范围内流转的适用范围扩大到省级扶贫开发工作重点县。至此，增减挂钩节余指标省域范围内由原来的 832 个贫困县拓展到 1250 个贫困县，除北京、大津、上海外（没有贫困县），其他 28 个省（自治区、直辖市）均享受此项政策。

2017 年 9 月，中共中央办公厅、国务院办公厅印发《关于支持深度贫困地区脱贫攻坚的实施意见》的通知，就深化扶贫用地政策提出了新举措，明确深度贫困地区开展城乡建设用地增减挂钩，可不受指标规模限制，增减挂钩节余指标可在东、西部扶贫协作和对口支援省、市范围内流转；增减挂钩拆旧区在确保耕地面积不减少、建设用地不增加的前提下，可按照宜耕则耕、宜林则

林、宜草则草的原则复垦。至此，深度贫困县增减挂钩节余指标可在国家确定的东、西部扶贫协作帮扶省份中跨省域流转。

二、增减挂钩支持精准扶贫的进展情况

地方在摸索增减挂钩节余指标交易过程中形成了丰富的经验和探索性成果。

（一）多种方式促进节余指标交易

原国土资源主管部门实行增量和存量用地联动，适当减少节余指标流入地区新增建设用地安排，要求经营性用地尽量使用增减挂钩指标，以多种方式提高增减挂钩节余指标流转收益。广西壮族自治区、云南省为提高增减挂钩节余指标收益，要求经营性用地尽量使用增减挂钩指标。广西壮族自治区规定，城市新区用于经营性用地（不包括工业用地）储备时，原则上通过购买增减挂钩节余指标进行项目建设，并探索关于城镇违法用地通过购买增减挂钩节余指标补办建设用地手续相关问题。云南省规定，全省各地每年商服和城镇住宅（不含保障性住房）项目建设用地，原则上使用增减挂钩节余指标不得低于当年同类用地供应量的 25%。

（二）探索开展预支使用节余指标

为缓解资金投入压力，有的省份均实行了拆旧复垦完成前，预支流转节余指标，并规定了比例上限，广西、云南、湖南预支比例上限分别为 50%、50% 和 10%。例如，湖南省长沙高新区从新邵县购买 300 亩预支增减挂钩指标，新邵县获得指标收益 6000 余万元。

（三）搭建节余指标流转平台

陕西、云南、广西均建立了省级增减挂钩节余指标流转信息平台，节余指标供需双方可通过交易平台发布节余指标供应、需求信息，适时发布省域内增减挂钩指标产生和使用管理相关信息。同时，结合使用节余指标可减免的几项费用，以及实施增减挂钩成本支出等因素进行综合测算，提出节余指标流转基准指导价，较好地发挥了政策效用。

（四）鼓励农民自行拆旧复垦

云南省除了政府按项目以公开招投标方式开展拆旧复垦以外，为了更好地实现零星及插花地块的复垦，提出对签订旧房拆除协议，并对在搬新居 1 年内自行完成旧房拆除和土地复垦的农户给予奖励，鼓励农民积极参与拆旧复垦工作。

（五）引入社会资本投入增减挂钩项目

云南省在增减挂钩相关文件中明确提出鼓励社会资本参与增减挂钩项目，在实际工作中，引进龙头企业参与永仁县增减挂钩项目，将拆迁安置临近区域交由企业承包，实现农业规模化经营，通过发展观光农业、休闲农业，促进拆旧安置农民增收。

（六）简化增减挂钩项目实施管理程序和要求

广西壮族自治区规定，凡涉及扶贫移民搬迁的增减挂钩项目，申请立项只需提供县级立项请示、市级审查意见、项目实施方案等材料。增减挂钩项目拆旧区土地复垦验收由市级自然资源局负责，对验收结果真实性、合法性负全责，省级自然资源主管部门对验收合格的项目视情况进行抽查。

三、增减挂钩支持精准扶贫政策实施成效

（一）节余指标效益最大化，为扶贫搬迁工作筹集了资金

2016年增减挂钩节余指标开始省域内流转后，贫困地区增减挂钩节余指标交易价格由县域范围内的5万~10万元/亩提高到平均27万元/亩，江苏、浙江等省高达65万元/亩以上。增减挂钩节余指标省域内产生了419.37亿元流转收益，高于2016—2017年安排的中央预算内投资320亿元❶。节余指标流转收益投放至贫困地区，用于贫困地区补偿安置、土地复垦、基础设施建设、农村集体经济发展等方面，加快贫困人口搬迁步伐，贫困人口的基础设施和生产生活条件得到进一步改善，社会公共事业加快发展。

（二）促进了贫困地区产业发展，促进发展特色产业脱贫一批

通过实施增减挂钩土地复垦，贫困地区农业生产条件得到极大的改善，很多地区根据区域优势，发展特色种植、高效养殖、林下经济、设施农业、休闲农业等产业，拓展了农业的多种功能，促进了农村第一、第二、第三产业融合发展。增减挂钩支持易地扶贫搬迁为新型城镇化建设提供了建设用地，为当地光伏、乡村旅游、电子商务、物流服务业的发展提供了用地保障。据统计，截至2015年3月，14个集中连片特困地区开展县域内增减挂钩指标58.98万亩，为经济发展提供了20.09万亩建设用地。其中，大别山区开展县域内增减挂钩

---

❶ 数据来源：《全国"十三五"易地扶贫搬迁规划》。

指标 23.50 万亩，提供建设用地 15.12 万亩；罗霄山区开展县域内增减挂钩指标 5.20 万亩，提供建设用地 1.14 万亩。

（三）实施前后农村生活水平有明显提高

随着增减挂钩易地扶贫搬迁工作的开展，群众改革获得感明显增加。江西省赣州市近 5 年来共安排 10.4 万名困难群众喜迁新居，1246 户库区移民全部安置上岸。2017 年，四川省巴中市 500 个易地扶贫搬迁项目村全部启动，已经建成 71 个安置点、2709 套安置房，5163 套安置房正在加紧建设，10968 户贫困群众如期搬进新房。安置点配备水、电、路、气、网等基本生产生活设施，配套建设教育、卫生、文化等公共服务设施，贫困人口的生产生活条件和发展环境得到明显改善。为了保证贫困人口稳得住、能发展，地方注重培育后续产业、促进群众就业，提高了农民收入。四川省成都市依托增减挂钩政策利用整治后的耕地建成了 230 个标准化、规范化农产品生产基地，就近吸纳农村劳动力，为农民拓宽了租金、薪金和股金等收入渠道。

第二节　增减挂钩政策运行效应调查与分析实例

一、成都市城乡建设用地增减挂钩项目调查

四川省成都市作为城乡建设用地增减挂钩试点的"先头兵"，很多增减挂钩项目极具代表性，政策运行取得显著成效。本书选取成都市作为研究区域，主要选择夹关镇鱼坝村、安德镇安龙村、甘溪镇明月村、白头镇五星村、新繁镇高院村、永商镇烽火社区、柳街镇鹤鸣新村、天马镇凤栖苑等地区作为研究对象。

（一）邛崃市夹关镇鱼坝村周河扁增减挂钩项目

鱼坝村位于邛崃市夹关镇，是成都市西南山区，距离邛崃市 37 千米，距夹关镇人民政府驻地 2.5 千米，雅安"4·20"地震受损较为严重的地区之一。全村共有 16 个村民小组，802 户农户，2439 人，劳动力 1152 人，其中，外出务工 580 人。面积 8.9 平方千米，村内道路 18.5 千米。林地面积 4200 亩，耕地面积 4670 亩，其中，茶叶种植面积 3180 亩，桑园 330 亩，果林苗圃 420 亩，常规农作物 740 亩。全村主要经济来源为茶叶、林竹、畜禽养殖、劳动力转移务工收入，以及 2021 年新发展的乡村旅游收入。

雅安"4·20"地震后，成都市邛崃市夹关镇鱼坝村周河扁地区受灾严重，原农户住房几乎倒塌。为解决灾后人民生产生活问题，鱼坝村依托土地综合整

治进行灾后重建。与其他地区的灾后重建项目相比，周河扁灾后重建速度之快令人叹为观止，耗时 58 天，美丽新村周河扁小区在原址拔地而起。

鱼坝村根据夹关镇整体规划，依托"4·20"芦山地震灾后重建和土地整治综合项目，充分尊重民意、顺应民情，全村灾后重建涉及土地整治项目的小区有周河扁小区、弯弯林小区、郭坝小区和沙坝小区。全村共 802 户农户，其中，参与郭坝小区、沙坝小区场镇集中和周河扁、弯弯林"小组微生"❶ 建房的共有 546 户，郭坝小区、沙坝小区共安排村民 458 户，弯弯林安排村民 60 户，周河扁安排村民 28 户，全村总体参与新农村集中居住比例接近 70%。

1. 确定建造方案

1）选址、户型

确定了小区原址原建的方案后，村民面临着房屋布局、户型设计和风貌形态等问题。通过村民的集体讨论和商议，再结合村民的经济承受能力和项目本身的实际情况，将房屋的户型设计为 90 平方米、130 平方米、170 平方米、210 平方米四种，村民根据自身情况自行选择。小区的外墙风貌则采用了建筑色彩朴素淡雅的川西风格，由政府统一打造。项目实施方案经讨论通过后进行公示，所选择的每项标准、条件或办法必须执行，不得随意更改和调整，做到对每家每户每人的公平公开。

2）补偿标准

周河扁小区的建设是在夹关镇（整镇）进行土地整治背景下实施的，小区建设资金由夹关镇人民政府统一划拨，全镇预计节余指标 1700 余亩，以 35 万元/亩的价格"异挂"到成都市双流区，而这部分资金最终全部用于夹关镇村民房屋和相关设施建设。另外，周河扁小区的建设也属于芦山地震的灾后重建项目，对此，国家有另外的财政补贴。

结合以上的项目情况和村民自身的经济状况，补贴方案经过全镇的建房议事会讨论后决定，每家每户按照人头给予补助，每人为 15000 元，其中，土地整治补偿是 8000 元，灾后重建补偿是 7000 元，而对"拆旧房"的房屋补偿，以及对地上附着物的补偿参照邛崃市 2013 年相关文件的规定执行，具体内容如表 5-1、表 5-2 所示。

3）资金筹措

在资金筹措过程中，叠加运用农村土地综合整治政策、灾后重建政策及其他各项支持政策，拓宽融资贷款渠道，撬动社会资本投入。周河扁新居的打造，主要由邛崃市人民政府灾后重建项目和土地整治项目统一核算，共用资金约 2950 万元。

---

❶ 即小规模聚居、组团式布局、微田园风光、生态化建设城乡统筹发展建设的简称。

表5-1 择地修建建（构）筑物的搬迁补偿标准

单位：元/米^2

类别	补偿标准
砖混结构	320~350
砖木结构	220~250
披房、阁楼（含水泥瓦、玻纤瓦）	80~100
简易披房	30

表5-2 其他地上附着物补偿标准（部分）

单位：元/米^2

类别	规格	补偿标准
围墙	红砖	20
	土墙	10
晒坝	水泥	15

2. 公共服务设施配套齐全

周河扁小区建成后，由政府补贴对小区公共设施进行配套，配套标准为人均15000元，最终形成"1+23"的村级公共服务和社会管理配置标准。

小区建成后，人民生活条件有了极大的改善。村党支部委员会和村民委员会借助邛崃市全域旅游规划，整合新村富余农房资源，引进沫江山居乡村文化主题酒店，探索"三种模式""五个统一"服务管理，发展高品质乡村旅游，打造乡村旅游综合体，促进群众增收有保障。

（二）郫都区安德镇安龙村增减挂钩项目

1. 项目概况

安龙村位于郫都区安德镇城区东南面，地处成都平原的腹心地带、成都西部温郫都国家自然生态保护区内。其南邻走马河，北与安德镇城镇规划区相连，生态优势明显，自然条件优越，林盘散落分布，河流交错纵横，是典型的川西民居村落。村域境内，成灌高速东西穿过、温彭快速通道南北穿过、成灌高速出口也位于村内，交通良好。全村面积3.8平方千米，耕地面积3540亩，下辖18个村民小组，共1125户3399人，其中，有2个村民小组属于城镇规划范围。

2012年4月，安龙村开始了"小组微生"新农村建设工作，制定土地综合整治"1+3"配套文件、组建项目工作组、成立资产管理公司。2012年5月，在征求农户意见的基础上制定实施方案，启动规划设计。全村参与农户803

户，共计 2739 人，参与率达到 95.6%。

小规模，即合理控制新村聚居规模，节约集约、因地制宜建设"紧凑型、低楼层、川西式"特色民居；组团式，即合理布局组团位置和间距，配套完善基础设施和公共服务设施，构建"10 分钟生产生活圈"；微田园，即尊重农民生活习惯，房前屋后种植"小菜园、小花园、小果园"，方便生活、美化环境；生态化，即注重生态资源的保护和传统文化传承，建设绿色基础设施，体现乡土味道和农村特点。

现在，安龙村所有参与项目的农户均已住进新居，聚居点内一栋栋川西民居风格的建筑错落有致，院中林木掩映，道路曲径通幽，俨然一幅川西林盘画卷。安龙村按照"1+36"和"设施共享，弹性配置"的建设标准及要求，完善基础配套，优化公共服务设施布局，全面提升新村住户的生产生活环境。新村示范点内道路、给排水、天然气、通信等基础设施一应俱全；村委会、活动中心、幼儿园、民俗展览馆、村史展览馆、便民服务中心、游客接待中心等配套公建设施应有尽有。

2. 资金筹集

安龙村"小组微生"新农村建设资金筹集主要有两种方式，一是节余指标交易产生的收入。在参与项目的农户确权的 763.30 亩集体建设用地中，除去用于新型社区建设的 317.20 亩和预留为村集体经济发展的 22 亩产业用地，可以节余 424 亩集体建设用地指标。待土地综合整治验收完成后，由建新区所在政府按一定的价格统一收购。二是县政府补贴，主要用于新型社区外的相关配套。除去上述两种方式外，其余采取农户自筹方式，由全体参与项目的农户自行算账，实行"多退少补"。为了保证项目顺利实施，在惠农公司的免费担保下，村集体资产管理公司从农商行贷款 1000 万元用于项目建设。拟将节余指标调整到郫县使用，因而到期还款时，由县政府代为本付息。

新居规划设计注重功能集成配套，按照"1+36"的标准统筹实施基础设施和公共服务标准化配置，构建"10 分钟生产生活圈"，提高农民现代生活品质。

3. 建房标准

在宅基地分配中，凡参与的农户，村集体资产管理公司按照人均 65 平方米、最高不超过 70 平方米的综合用地进行配置。其中，30 平方米的综合用地作为宅基地用于新居建设，其余部分用于新型社区公共用地建设，例如，道路、绿化、林盘保护、共建用房、其他公共用地等。而在划定的 30 平方米的宅基地中，新居建筑基底占地不超过人均 28 平方米，其余面积虽仍属于参与农户宅基地，但不得修建任何建筑。

在建筑面积的管理中，规定人均住房建筑面积原则上不超过 45 平方米，建筑单体面积原则上不超过300平方米，建筑单体层高不得超过3层，若要修建3层，则须在建房前向集体经济组织申请，并自行补足超出费用。

4. 权属调整方式

一是房屋权属问题。为使农民尽快入住，先进行初步核算入住，项目验收后，再做最终核算。在验收结算前，新建在新型社区内的房屋和地面附着物全部所有权归施工单位所有，项目验收后，再由施工单位移交给安龙资产管理公司，由资产管理公司统一进行权属划分和产权证的办理。

二是土地权属问题。考虑成本与耕作半径问题，对于新型社区建设占用的农地，采取调田撵地的方式进行权属调整。原集体建设用地复垦验收为耕地后收归社集体，按照对应面积发包给被占农户。如果有节余的耕地，则平均分配给所有参与项目的农户进行耕种。

5. 补偿奖励方式

补偿标准：砖混楼房、平房为150元/米^2；砖混、砖木水泥、小青瓦为130元/米^2；偏房、简易房为100元/米^2。待项目完成验收后，根据所在村民小组整理出的新增建设用地指标核算出项目整理资金，结合新型社区点内基础设施配套费用、新居建造费和拆旧补助进行统一核算和结算，多退少补。

若农户原属新型社区规划范围内，待项目完成后，林盘植被保护完好的，社区给予1000元/人（以户为单位）的林盘保护奖励，所属林盘植被为农户所有，但林盘土地为新型社区参与的农户所有；若农户在规划范围内，所属林盘植被需进行暂时保留，待项目完成后，若确实需要保留，则给予1000元/人（以户为单位）的林盘保护奖励，所属林盘植被为农户所有，但林盘土地为新型社区参与的农户所有；若不需保留，由农户自行处置。项目完成后，农户若未对应保留的林盘植被进行妥善保护保留的，将在其建房款中扣除2000元/人（以户为单位），作为惩罚。

对于新型社区规划范围内的参与农户，采取先拆后建的方式。参与农户必须在3个月内完成自身所属《集体建设用地使用权证》范围内的房屋及地面附着物拆除、清场，提前2个月完成的由资产管理公司以户为单位每人奖励300元。房屋拆迁后由村集体资产管理公司给予每人每月100元过渡费，一次性计发放6个月，期满后逐月发放，直至交房。

对于新型社区规划范围外的参与农户，采取先建后拆的方式。在安龙资产管理公司办结完相关房屋资金和移交等相关手续后，必须在3个月内完成自身所属《集体建设用地使用权证》范围内的房屋及地面附着物拆除、清场、复垦，提前2个月完成的由资产管理公司以户为单位每人奖励300元。为确保复垦验收一次性成功，在与村民协商讨论后，决定具体复垦方式采取以社为单位，由村资产管理公司统一招标比选确定复垦实施单位，由复垦单位按省国土资源厅相关复垦标准进行复垦。

（三）蒲江县甘溪镇明月村增减挂钩项目

1. 项目概况

明月村坐落于素有"西来成都第一镇"之称的蒲江县甘溪镇西北部的大五面山浅丘地带，地处蒲江、邛崃、名山三地交会之处。全村面积 5.5 平方千米，耕地面积 3620 亩，森林覆盖率 46.2%，辖 15 个村民小组，全村 809 户 2320 人，其中，劳动力 1390 人。

明月新村按照"1+27"标准，实现路通、电通、水通、通信通、光纤通，公共服务设施和基础设施配套完善。按照这样的标准，明月新村将被建成一个设施完善、功能齐全、环境优美的村民集中居住示范点，村民可以享受与城镇居民生活环境相接近的生活条件。明月村安装的污水净化设备，很大程度上解决了农村污水处理难的问题，不仅给村民带来更多的便利，也保护了生态环境。

2. 宅基地和新房调换方案及补偿标准

（1）按人口补助。经过对项目资金的使用情况进行细致的测算后，考虑农民的收入差距问题，对于参与新农村建设项目的农户，按 2.7 万元/人进行人口补助。

（2）按面积补偿。参与新农村建设项目的农户需要人均带地 70 平方米进入小区（按小区规划计算出人均综合用地为 70 平方米的标准），这就是说在对农户原有宅基地按面积进行补偿时，需要扣除这 70 平方米，剩余的部分按照 100 元/米^2 的标准进行赔偿。这个标准是按照旧房建设成本进行定价的，当地一般房屋都为瓦房，建筑成本在 100 元/米^2 左右。

（3）房屋及附属物补偿。对项目拆迁农户的房屋、附属物严格按照《蒲江县农村土地综合整治及农房建设项目补助（补偿）实施意见》（蒲江整领〔2011〕3 号）进行赔偿。拆旧区涉及搬迁农户 382 户 1212 人，全部采用"不离乡不离土"的方式集中居住在明月村 4、6、12 组建设的农民集中居住区。农民集中居住区由政府组织采用统规自建、委托代建的方式修建，人均住房建筑面积为 35 平方米。具体补偿标准，如表 5-3 所示。

（4）住房分配安置。住房由农户自己购买，在房屋建成之后根据建房成本来计算农户的购房价格，为 990 元/米^2，规定人均购买面积为 35 平方米。但实际上，村民需要缴纳的房款是在购房总价扣除相关补偿之后的部分。村民的相关补偿并未直接下发到农户手中，而是折算在购房款之内。

表 5-3 参与新农村建设项目的农户补偿标准

项目		金额/元	单位
建房补助		27000	元/人
房屋拆除补偿	小青瓦楼房	120	元/米²
	砖混预制板平房	110	元/米²
	土坯房	70	元/米²
	其他草房及棚房	30	元/米²
附属物及青苗补偿	围墙	20	元/米²
	地坝	20	元/米²
	粪池	40	元/口
	沼气池	1500	元/口
	水井	500	元/口
	坟	300	元/座
	竹子	0.20	元/千克
	树木	20	元/株
	青苗补偿	825	元/亩

3. 土地权属调整

为了简化权属调整的程序、降低操作难度，明月村项目结合当地实际情况，主要采取"给钱不调地，货币补偿"的方式进行权属调整补贴。补偿标准为 3 万元/亩，进行权属调整的农户也将不再领取耕保基金。

4. 房屋拆除和复垦工作

拆旧区的房屋拆除和土地复垦还耕工作是土地综合整治和新农村建设的重要环节，明月村拆旧面积 720.70 亩，拆旧区共投资 3102.80 万元，亩均投资 4.21 万元。

明月村依托土地综合整治建设幸福美丽新村的项目资金主要来源于锐和公司自有资金、银行贷款和政府财政投资。截至调查时点，明月村新居建设已经完成了第一期的工程，已经有约 200 户村民 700 人入住新村。第一期已经验收了 320 亩的复垦土地，在农交所挂牌交易的价格为 30 万元/亩，挂钩到了蒲江西来镇进行建新区建设。在明月村新农村建设项目中，不仅旧村拆除复垦、新村建设工作由企业执行，而且基础设施配套也由企业出资完成。

5. 产业发展

土地整理项目打下的良好的产业发展基础是明月村新农村建设中产业发展的重要基础。明月村在"小组微生"新农村综合体建设的过程中依托土地综合整治，结合当地丰富的茶山竹海资源为其乡村旅游业的发展注入了新的活力。

结合当地的地理位置优势、文化资源和生态基础建设新农村综合体，筑巢引凤，为文化综合旅游产业打好基础。除了高标准的基础设施配套之外，明月村的新村建设处处可见产业发展的铺垫。

一是大面积的综合服务中心。明月新村的综合服务中心扩建面积为 1100 平方米，为资本下乡提供了办公场所，上海乡香文化公司在明月村投资 5000 万元，修建酒店和剧场，其办公地点选在了明月新村的综合服务中心。

二是独特的房屋设计。将民宿发展的需要贯穿于房屋户型设计方面，明月村坚持"产村相融"的发展理念，新村房屋除了满足农户自身的居住需求之外，还对乡村旅游发展进行了相关的配套。在明月新居中，每一栋房子都配套与主屋独立的标间，可供农户发展民宿。当然，也有整套出租的情况，在明月窑的附近有农户将房屋整套出租，多以 15 年为期。目前，小区中 3 人户型（105 平方米）租金能到达 1 万元/年。

在新农村建设中，预留了 5% 的建设用地指标，可用于美食街、小区停车场等旅游配套建设。

明月村依托城乡建设用地增减挂钩项目，结合土地综合整治，建设"小组微生"新农村综合体，打造幸福美丽新村。明月村在新村建设的同时，结合自身优势，引进文创产业，重视经济发展，落实"产村相融"，让村民住上新房，鼓了腰包，更让村民在经济发展逐步城镇化的同时实现思想上的"城镇化"。

（四）崇州市白头镇五星村增减挂钩项目

1. 项目概况

崇州市白头镇五星村（五星村由安定村和五星村 2005 年合并形成）位于白头镇南面，东部与崇阳镇、南部与隆兴镇、西部与该镇甘泉村接壤，北部紧临成温邛高速公路，交通便利；面积 4950 亩，农户 873 户，3066 人，耕地 3212 亩，辖 26 个村民小组，人均宅基地面积约 155 平方米。2013 年 4 月，五星村依托城乡建设用地增减挂钩项目，正式启动了"小组微生"幸福美丽新村建设。

2. 农民补偿安置方案

（1）以产权为基础。五星村新村建设充分利用此次农村产权改革成果，将此次农村产权改革中确权颁证的宅基地和集体建设用地使用权，同建新区内房屋建筑面积、基础设施配套和建房补贴相置换，不足面积以货币形式购买、超出面积给予一定补偿。

（2）凭意愿选方式。为了充分满足村民的建房需求，五星村制定了统规自建、统规统建和货币安置三种补偿安置方式，供村民自由选择。选择货币安置的村民，按照 18 万元/亩的价格予以一次性补偿，不享受其他安置补贴和搬迁奖励。需要强调的是，选择货币化安置必须提供合法有效的居住地房产证明。

（3）以整村为标准。"整村推进"是五星村新村建设的一个特殊做法，由于参与度比较高，五星村采取总建设用地面积除以总人数的方法来确定置换标准。经测算，全村人均建设用地面积为155平方米，结合相关规定，确定了人均60平方米宅基地和集体建设用地置换建新区安置点60平方米的综合用地，其中，建新区内宅基地面积和基础设施公摊面积各30平方米。同时，多于人均60平方米的按照60元/米^{2}予以补足，不足面积的按照360元/米^{2}予以补足。

（4）按人均享补奖。为了缩小贫富差距，发挥集体经济组织的作用，在置换面积结清后，按照人均3.2万元给予安置补助。其中，1.2万元用于搬迁安置补贴，2万元用于基础设施配套建设。同时，如果在合同约定时间内完成搬迁和复垦的，予以2000元/人的奖励。

3. 土地权属调整方案

五星村以组为单位，按照总量控制、占补平衡、调田撵地的基本原则，在确定参与建房人数、组团范围，以及实际占地面积的基础上进行权属调整：

（1）公摊面积确定。6米以上（含6米）的内部道路、外联通道、村委会（含村委会广场）为全村参与建房人员公摊的面积；民俗广场、荷塘面积为小区建房人员公摊的面积（分为铁路上下2个小区）；以组为单位划分组团，6米以下的道路、共用通道、绿化、停车场、节点广场等为组团建房人员公摊的面积。

（2）组际权属调整。以新村建设安置点为中心，按照各组相对地理位置，由远及近逐组开展权属调整。即相对地理位置较远的组按该组实际占地面积数量落实到相应田块（相应田块必须是集中的整块区域，不得分散落地），调整到地理位置相对较近的相邻组，再由地理位置相对较近的组调整到安置点点内的相邻组。

（3）组内权属调整。组内集体成员以户为单位进行逐户权属调整，调整面积=该户实际参与建房人数×该组人均实际占地面积。调整方式以该组实际情况自行协商拟定：湿地区域可以调整湿地流转面积，10万亩区域可以重新进行分配土地。

（4）点内余地归属。安置点内除去建房面积和公摊面积后剩余的农用地原则上归原生产小组自主分配。确实不利于耕种的田地可以统一规划为菜地，允许点内住户参与流转。

4. 建设资金筹措方案

（1）村民缴纳建房保证金可抵扣房款。在报名参加新村建设的同时，要求村民按照1万元/人的标准缴纳建房保证金，共筹集2825万元。一方面，缴纳建房保证金可以敦促村民按时履约；另一方面，也可以作为项目的启动资金。

（2）集体土地折价入股，入股土地抵押融资。在村委会的倡导下，以群众自主自愿为核心，以产权要素市场化为主线，五星村组建崇州市白头星达土地股份合作社。合作社设成员大会，由全体社员组成，为合作社最高权力机构，制定合作社章程，规范内部管理。

在合作社资产达到农商行贷款的要求，并进行了相应工商注册变更后，2013年下半年，五星村进行了集体建设用地的变更登记和流转（俗称"小证变大证"），将741本农户宅基地证与69本集体林盘地证书向崇州市白头星达土地股份合作社进行流转，并由其向国土资源部门提出集体建设用地变更登记申请，将农户的集体建设用地使用证注销（注销"小证"），按农村产权制度改革中确认的各户证载面积总和为白头星达土地股份合作社颁发新的集体土地使用证（颁发"大证"）。完成集体土地变更登记后，合作社以土地为担保向成都农商银行申请贷款。

（3）以土地综合整治为平台，整合各类涉农资金。城乡统筹方面，争取到公共配套类的项目整合进入小区建设，减少了小区基础设施投入，农民得了实惠，配套标准也可以做得很高；交通方面，争取到乡村道路建设项目整合建设小区外联通道，也减少了投入；农发方面，争取到高标准农田治理类的项目，整合部分资金建设小区周边雨水系统；水务方面，河道整治类项目整合建设桤木河湿地工程。建设、城管、环保、规划等部门都有项目整合支持。

（五）新都区新繁镇高院村增减挂钩项目

1. 项目概况

新繁镇是成都市14个优先发展的重点镇之一，新都区副中心。2013年2月，列入成都市首批小城市建设示范镇。如今的新繁镇由原来的旧新繁镇、荣校、严家桥、王家船4个乡镇合并而成，面积81.50平方千米，辖42个村（社区），总人口13万人，其中，城镇人口6.95万人，城区面积12.66平方千米，耕地6万余亩。新繁镇拥有家具产业园和泡菜（食品）产业园2个工业集中发展区。2012年，全镇实现工业增加值18.54亿元，其中，规模工业增加值8.17亿元，完成工业投资4.5亿元，固定资产投资9.16亿元，工商税收2亿元。

高院村位于新繁镇东南部，处在成都市区卫星圈层上。面积为3.2平方千米，辖区共有15个村民小组，现有人口2430人，农户818户，中共党员92人。全村农民人均纯收入由2008年的8000多元增长到了2015年的18054元。美丽新村建设不仅给农民提供了舒适宜人的居住环境，而且拓宽了农民增收创富的渠道。

新村建设于2012年10月开始动工，一期共有238户598人参与，二期共有 134 户，395 人参与。项目由政府引导、市场化运作，共计投资 6500 万元。小区一期占地面积为 58 亩，人均综合占地面积约为 65 平方米，其中，集体建设用地为 44 亩，可复垦耕地面积为 141 亩。目前，二期仍在修建中，预计可复垦耕地 88 亩。新村建设可节余建设用地指标共 148.50 亩，新增有效耕地 1.50 亩。

新村建设融合原有的路、渠、林、田，形成碧水院、翠林院、绿圃院、佳禾院、瑞果院 5 个组团。

2. "四个一点"解决项目资金来源

项目资金来源于"四个一点"，即"融资贷一点、村民筹一点、区上出一点、镇上补一点"。

（1）融资贷一点。由 209 名群众自发组建融腾土地整理合作社，运用市场化手段，利用集体建设用地使用权抵押融资，以筹集项目资金。合作社以节余的指标向新都桂城村镇银行抵押融资，用于补贴村民建房与打造风貌。

（2）村民筹一点。村民自筹资金投入项目建设。

（3）区上出一点、镇上补一点。区、镇财政按照人数对参与项目实施的村民给予补贴。区上主要给予建房补贴，镇上则对建筑风貌、水、电、气、景观绿化等进行补贴。

3. 拆旧建新补偿方式

（1）严格划定准入标准。由于原统计高院村人均宅基地面积为 145~149 平方米，考虑成本可控问题，新村建设要求人均宅基地面积大于等于 100 平方米才有资格报名参加此项目，对于未参加项目的村民房屋进行风貌整治，实有特殊情况再做特殊处理。对于参与新村建设的农民，给予 13000 元/人的建房补助和 20000 元/人的风貌补助。

（2）以产权为补偿基础。新村建设以产改成果为依据，以确权颁证时记载的宅基地面积为基准，对超出 100 平方米的部分，按照 20 元/米^{2}对农户进行补偿。

（3）按面积贴补新房建设。新区规划的人均综合占地面积为 60 平方米，根据家庭人数的不同可以选择二人户到六人户，5 种户型建筑面积依次为 60 平方米、95 平方米、158 平方米、210 平方米和 261 平方米。农民换新房需要根据建筑面积，按照 760 元/米^{2}的标准进行置换，但这一部分仅包括房屋建造与内部建设。政府在房屋的风貌打造方面按照 150 元/米^{2}的标准给予补助。

4. 占地补偿与权属调整

采取按年付租的方式向因新区修建而被占地的农民进行补偿。按照 1500~1600 元/亩的标准，每年向被占地农户支付租金。对于拆除的宅基地，复垦以后归属于集体，但由原农户继续耕种或流转，计划在项目二期建成后进行整体验收，验收合格以后，再进行权属调整，确权颁证。

5. 基础设施配套

新区的基础设施与公共服务的配套，按照"1+23+N"的标准进行建设，包括健身广场、医疗卫生场所、超市、书屋等，"N"是指特色配套，包括产改陈列室、果农服务站等。

花香果居是网评成都十大特色农庄之一，形成了品牌优势，吸引了很多外地游客游玩、体验。新区紧邻花香果居，充分发挥区位优势，借助花香果居的知名度，对通过土地整理而出的成片耕地进行科学合理规划，推进土地规模流转，布局发展现代农业，实现产村融合发展。

目前，新区已引入百草园、尚作有机农场、耕之园等产业项目，与本地汪家蔬菜合作社共同搭建较为成熟的产业骨架，将传统单一的种植业延伸为"种植—加工—展销—观光—体验—餐饮"产业链条，实现产业提档升级和农民多元、长效增收。

（六）新津县永商镇烽火社区增减挂钩项目

1. 项目概况

烽火新村，位于新津县永商镇东北部，距新津县城 8 千米，北靠梨花溪，西邻国家级重点文物保护单位——观音寺，属浅丘地区，土地肥沃，植被较好。村内山清水秀，新津县最高山——红豆山坐落其中，小河从村中穿流而过，荷叶亭亭、杨柳依依，民居立于两岸，白墙灰瓦，如诗如画。烽火村面积 5.80 平方千米，其中，确权耕地总面积 2279.87 亩，集体建设用地总面积 158.90 亩，辖 18 个村民小组，566 户 1644 人。

烽火新社区占地 158 亩，建成房屋 50 栋，共 596 套，全村入住率达到 99%。2012 年，烽火村被县委、县政府确立为全县"两镇十村"新农村示范建设村；2014 年，烽火村被成都市评为"三美示范社区"；2015 年 2 月，被评为第四届"全国文明村"；2016 年，被评为"四川省十大幸福美丽新村"。

烽火社区建设属于城乡建设用地增减挂钩项目，2008 年"5·12"地震后，由四川省国土资源厅审批，增减挂钩周转指标 523 亩，于 2009 年 10 月开始修建。该项目采用引进社会资金的方式进行建设，土地收益与投资者进行分成，投资方为四川瑞信实业有限责任公司。项目采用统规统建的方式，人均住房面积 35 平方米，可以申请适当增加，拆旧区按照建筑面积进行补偿，新房价格采用累进计价方式。烽火社区建设占地 159 亩，被占用土地采取调田撵地的补偿方式解决了土地权属调整。该项目实施完成后节余建设用地指标 364 亩。

2. 确定旧房搬迁和新房迁入的补赔偿标准

根据村庄建设预算，本着农民不出钱或少出钱的原则，烽火村制定了较为合理的补赔偿标准。

1）迁入村民旧房搬迁的补偿标准

搬迁村民的房屋补偿根据房屋的不同补偿标准也有所不同，土坯房补偿标准为 100 元/米^2，小青瓦补偿标准为 140 元/米^2，楼房（砖混）补偿标准为 230 元/米^2，院子补偿标准为 6 元/米^2，此外，对院前院后的竹子和树木也有补偿，竹子 1 元 1 根，算三年；也可以按 1000 斤 200 元补偿，算三年。树木按照大小进行补偿，补偿范围 20~40 元。

2）迁入村民新房补差价的补偿标准

新房价格依据家庭人均房屋面积计算，房屋面积小于等于 35 米^2/人的部分按 300 元/米^2 计算；房屋面积在 36~38 米^2/人的部分按照 660 元/米^2 计算；房屋面积超过 38 米^2/人的部分按照 1400 元/米^2 计算。

3. 社区建设和土地权属调整

经过全村村民的共同选择，确定了社区地址和房屋户型，在 2009 年 10 月小区开始正式建设，项目前期使用的主要是社会资金，采用统规统建的模式，房屋按照全村人口数量进行修建，若村民不打算入住，可以将多余的房屋作为村集体经济组织资产。

由于烽火社区建设项目与 2009 年四川省农村产权制度改革时间较近，项目的土地权属调整与确权同时进行，采用调田攒地的补偿方式推进土地权属调整。首先，根据全村宅基地复垦与小区占地之间的差额和全村进入小区的人数，计算全村村民应调出人均耕地一分一厘。其次，计算各组调整面积，计算出来后，再走现场，图纸上作业，同时，拟定方案，确定攒地的方式、标准、小区占地的权属归属。其次，在土地接收之前，提前在图上划分各家各户的土地，组长将各家田地指认给村民。最后，将新调整的土地相关权属资料上报县国土资源局，重新颁发《农村土地承包经营权证》。

4. 基础设施

烽火村按照"1+21"的标准完善社区公共服务配套，建设了社区便民服务中心、图书馆阅览室、警务室、卫生服务站、超市、文化健身广场等公共基础设施，使群众不出社区就能享受就业、文化、卫生、公益、生活等服务。

在基础设施完成后，村民按照之前商定的补赔偿标准，计算搬迁补助金额和新房屋价格，按照多退少补的方法，结清剩余款项，就可以陆陆续续地搬入新社区，村民采取了抽签的方式来分配房屋，保证了公平公正。

5. 烽火社区建设中的土地权属调整

1）计算各组土地调整面积

烽火社区建设占地涉及18个村民小组，其中，第4、第5、第6、第8、第15组的土地被新社区建设占用，第5组被占土地最多，有112.46亩。对被占地的村民通过调田撑地的方式进行重新分配土地，另外，经过计算，每个小组每人公摊0.11亩土地用于小区建设。经过统计，计算得出烽火社区各组土地调整情况（表5-4）。

表5-4 烽火社区各组土地调整情况表 单位：亩

组别	社区每组应公摊面积	小组被占用面积	每组应调整面积
1	6.82	—	6.82
2	10.34	—	10.34
3	12.76	—	12.76
4	9.35	0.94	8.41
5	12.54	112.46	−99.92
6	9.57	18.16	−8.59
7	6.60	—	6.60
8	10.56	26.53	−15.97
9	7.81	—	7.81
10	3.85	20.91	−17.06
11	7.48	—	7.48
12	7.48	—	7.48
13	9.68	—	9.68
14	23.54	—	23.54
15	9.57	0.41	9.16
16	11.66	—	11.66
17	10.01	—	10.01
18	9.79	—	9.79

2）确定土地调整方法和原则

在得到计算结果后，全村从村管辖土地外围开始进行各组的土地调整，调整土地过程中坚持就近原则，即原来归属某组的土地尽量归属某组，将必要调整的土地就近分出给其他小组，方便农户在原地范围内种植。

经过民主讨论，最终确定均摊式加减法、相邻地界撑地法、顺延叠加位移法三种土地调整方法。从外围到内围撵地的过程中，逐渐确定每组的土地边界，完成土地调整。

（1）均摊式加减法。以村民小组为单位计算社区占地面积（按社区人均占地量进行计算），被占地村民小组除去本组占地后，剩余的社区占地即为其他村民小组应补给的面积，通过村组讨论计算，按人均 0.11 亩进行调整，共计应调整 179.41 亩。

（2）相邻地界撵地法。根据均摊式加减法计算结果，各村民小组按相邻土地和地类相近的原则进行撵地。全村 18 个组撵地面积达到 300 余亩。

（3）顺延叠加位移法。在撵地的过程中，若需跨域调整田地，首先采用相邻地界撵地法将本组应公摊土地调给相邻村民小组，然后平移顺延，按叠加位移的方式处理。

3）完善土地调整手续

（1）以村民小组为单位相互完善权属调整协议，在村民小组内实行决议表决。

（2）调田撵地后，在实地上打桩放线进行确认，在影像图斑上划线确定，加盖相邻地界村民小组的公章和村民小组长的签字，上报审核确认，录入系统。该社区的调整是在承包土地确权之前进行的，所以，调整后的土地均在2010 年进行了确权颁证。

（3）项目验收后，对复垦的土地进行确权，并交付实地。

4）烽火社区第 5 组土地权属调整示例

社区建设用地绝大多数为第 5 组用地，因此，以第 5 组为例进行简要介绍。

第 5 组因社区建设应公摊面积为 12.54 亩，被占地面积有 112.46 亩，第 5组剩余的土地也是在社区附近，所以，依据相邻地界撵地法，首先，选择将第5 组原耕地附近的土地调整至第 5 组；其次，采用顺延叠加位移法，将边界各组需公摊的土地向里撵；最后，撵出第 5 组的土地。烽火村田地类型不同，有水田和旱地之分，撵地时按水田与旱地 4∶6 的比例进行兑换，所以，实际撵地数据可能与计算数据不一致。

经过计算和比例兑换，首先，外围的第 11 组划出 4.12 亩土地分配至第 14组；其次，第 14 组按自己应公摊土地面积加上第 11 组公摊土地面积调出27.77 亩土地分配至第 4 组；再次，第 15 组也划出 3.97 亩土地分配至第 4 组；最后，第 4 组划出自己应公摊土地面积，第 11 组、第 14 组应公摊土地面积和第 15 组部分应公摊土地面积共 45.89 亩分配至第 5 组。

此时，第 5 组土地面积依然不足，所以，继续撵地。第 18 组将计算后应公摊的土地面积 9.40 亩分配至第 17 组，第 17 组调出 18.57 亩土地分配至第 16组，第 16 组划出 28.77 亩土地分配至第 5 组。此外，第 15 组有一块土地离第5 组较近，直接调出了 4.80 亩分配至第 5 组，第 12、第 13 组因为地块差异等原因顺延撵地较为困难，分别划出了 6.80 亩、7.95 亩土地分配至第 5 组。烽火社区第 5 组土地调整落实图，如图 5-1 所示。

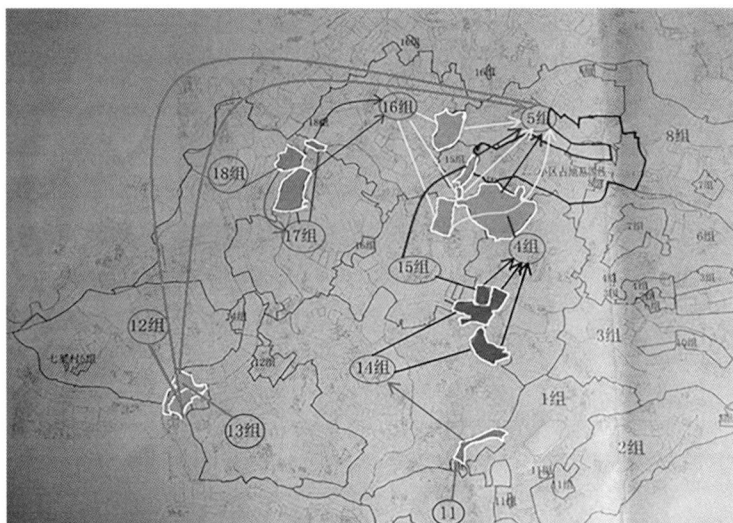

图 5-1　烽火社区第 5 组土地调整落实图

烽火村依托土地综合整治项目成功完成烽火社区建设，极大地改善了村民的生产生活环境，受到了村民的大力支持和一致称赞。烽火社区建设过程中，没有给各个家庭带来很大的经济负担，每家每户搬迁费用较低，房屋面积较小的家庭在支付完新房房款后，甚至拿到了多余的搬迁补偿。烽火村没有失地村民，社区建设面积由全村村民来公摊，每人退出 0.11 亩土地，通过调田撵地的方式给被占地村民重新划分了土地，这对以土地为生的农民来说是极其重要的。另外，烽火村重视产业发展，引进了较多的产业项目。目前，由于大部分项目还在建设中，效果还不明显，相信正式开始经营后能明显提升烽火村村民的生活水平。

（七）都江堰市柳街镇鹤鸣新村增减挂钩案例调查

1. 项目概况

鹤鸣社区位于都江堰市最南端的柳街镇，距都江堰市区 27 千米，距成都市区 30 千米，面积 3157.10 亩，其中，农用地 2748.60 亩，建设用地 408.50 亩。辖 11 个村民小组，共计 571 户 1741 人，人均宅基地面积 156 平方米。2008 年 2 月，鹤鸣社区被列入成都市统筹城乡改革示范点。4 月，鹤鸣新村率先完成农村产权制度改革，成为农村产权制度改革第一村。产权制度改革完成后，鹤鸣社区积极运用产权制度改革成果，按照多样性、发展性、相容性、共享性的"四性"原则,开展土地综合整治。

鹤鸣新村分两期修建,第一期是程家院子(位于鹤鸣新村8组),占地62.97亩,于2010年1月开始动工,至2010年11月底竣工入住,共集中农民136户473人。第二期是黎家院子(位于鹤鸣新村9组),占地70余亩,于2011年5月开始动工,至2011年年底竣工,2012年陆续入住,共集中农民161户515人(图5-2)。

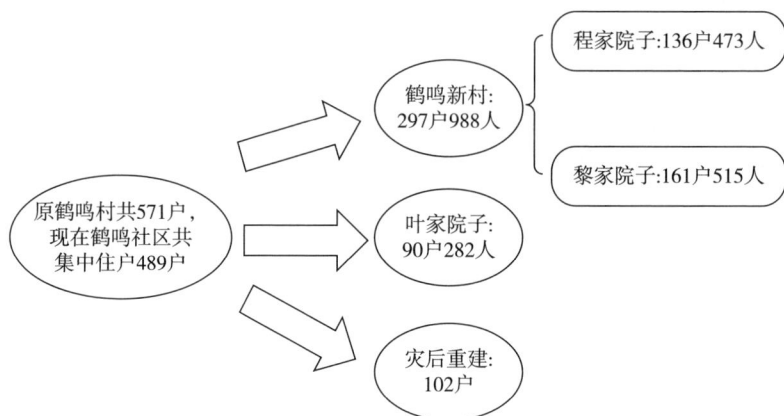

图5-2 鹤鸣新村土地项目实施后村民集中居住分布图

2. 村民自治制定"7+1"方案

在产权改革过程中,鹤鸣新村创造性地提出了建立村民议事会、村民小组等组织,充分发挥村民自治的作用,解决事关村民切身利益的大事。在土地综合整治中,村民自治的作用得到了进一步发挥,民事民议,制定出"7+1"方案,成为鹤鸣新村土地综合整治的指导性方案(表5-5)。

表5-5 鹤鸣新村土地综合整治"7+1"方案

项目	方案名称
方案1	资金分配方案
方案2	项目规划资金方案
方案3	项目建设方案
方案4	两房建设方案
方案5	土地权属调整方案
方案6	宅基地复垦方案
方案7	安置点后续管理方案
方案8	产业发展方案

3. 建房补偿与产权面积挂钩

参与项目的家庭人员建房补贴以人均集体建设用地面积 0.20 亩（即 134 平方米）为基数，达到 134 米^2／人的参与户发建房补贴 1.8 万元，建设用地不足 134 米^2／人的，少补贴 100 元／米^2；建设用地超出 134 米^2／人的，多补贴 100 元／米^2。项目参与户以国土资源部门颁发的集体建设用地使用权证面积为依据，按照建房补贴发放方案结算建房补贴资金，不足部分由农户自筹解决。鹤鸣新村第一期集中居住区参与户为 136 户，按每户集体建设用地使用权证面积测算，应发建房补贴 919.6 万元（第二期黎家院子没有相关数据）。经民主讨论决定，建房补贴资金按照工程建设进度进行发放，具体标准是建房补贴资金拨付进度按建设进度进行付款，工程实施初期付总额的 40%，一层楼完工后付总额的 30%，主体工程完工后支付总额的 20%，验收合格后支付总额的 10%。

4. 做法和经验

1）做好宣传工作

通过多种形式广泛宣传，将政策原原本本地交给群众，增强群众参与土地综合整治和新村建设的自觉性、主动性、积极性。

（1）召开多层次会议。项目实施初期，柳街镇人民政府集中组织召开了千人大会，后又召开 17 次村组会、154 次院坝会、21 次户主会，反复宣讲土地整治政策，研究政策实施的具体问题，从不同层面讨论土地综合整治实施方案、安置房建设规划方案、土地权属调整方案等，让老百姓在反复讨论、争论中不断加深对土地综合整治和农房建设工作的认识。

（2）印发宣传手册。针对群众关心的问题，印发《农村四大基础工程知识问答》《土地综合整治三字经》1000 余份，发放至全村每家每户。

（3）开展文艺汇演。以土地综合整治给农民生活带来的巨大变化为主题，采取相声、快板、小品等形式，自编自导，表演文艺节目 5 台，参加观看的老百姓达 3000 余人次。

（4）开展入户动员。分户分头落实责任，进入农户家中反复进行政策宣传和讲解，及时摸清群众的真实想法，妥善引导。

（5）发挥干部示范作用。在项目实施初期，鹤鸣新村党支部书记刘文祥第一个报了名，村内其他党员干部也紧随其后。

由此，广大群众打消了种种顾虑，由从旁观望转为积极参与，许多外出打工的人员也赶回家乡参加项目建设。

2）土地权属调整

一是在调整方法上，点位外家庭进入集中居住点位，由其所在的集体经济组织暂按人均 0.10 亩统一调整土地给集中居住点所属集体经济组织，待小区建成后，剩余面积按实际验收成果进行补调，且调整出的土地必须是该户最靠近居住点位置的土地。其中，参与项目的家庭原有集体建设用地面积，按农村产权制度改革确权颁证面积计算，在点位内的分摊占地面积按规划设计成果进行计算。

二是在调整原则上，对参与项目新建房屋的家庭，必须将原宅基地复耕，并将土地使用权无偿交回所在集体经济组织，对被占小区外进入小区内占地的，以村民小组为单位，集中调整相应的承包土地划给点位所在集体经济组织。

3）各种补偿标准

经项目集中居住区全体参与户投票表决通过此资金使用分配方案，方案包括各种补偿标准，具体补偿标准，如表5-6所示。

表5-6 鹤鸣新村参与项目的农户补偿标准

名称	补偿标准
过渡费	800 元/人
拆迁奖励费	1500 元/户
拆迁坟墓费	400 元/座
复垦补助费	6000 元/亩
居住区内地面附着物补偿费	2000~4000 元/亩
居住区外复垦区内地面附着物补偿费	2400 元/亩

如今鹤鸣新村结合城乡建设用地增减挂钩项目，开展土地整治促进农村产业经济发展，实现群众就近就业，带动群众增收致富，基本形成了"产村一体、产居一体、产景一体、城乡一体"的社会主义新农村发展格局。

（八）都江堰市天马镇凤栖苑增减挂钩项目

1. 项目概况

凤栖苑隶属于绿凤社区，绿凤社区前身为绿凤村，2010 年改名为绿凤社区。社区位于天马镇东南方，毗邻沙西线与彭青路，东与彭州交界，南与郫县接壤，西与许家镇相邻，北与驾虹相连，距都江堰市 12 千米，交通较为便利。社区内有 10 个村民小组，共计 766 户，2340 人。幅员 3.2 平方千米，柏木河穿村而过。全村有土地资源 2826 亩，其中，农用地 2756 亩、林地 70 亩。村内农业以种植业和养殖业为主，花卉培养、苗木种植是其特色产业，工业方面拥有砖瓦厂、铸造厂等企业。

从 2010 年开始启动项目，2011 进行农民集中居住区建设。然而，到 2013 年企业由于自身原因决定退出项目，由政府"托底"完成基础设施的建设。截至 2013 年年底，4 个新建安置点的基础设施、风貌都已经完成，项目的关键部分得以解决。2014 年老百姓开始入住。

2. 拆旧补偿安置办法

凤栖苑新村建设项目节余的城乡建设用地指标价格为每亩 30 万元，其中，15 万元分给参加项目的村民用于建房，剩余 15 万元用于安置点内基础设施等方面的建设。补偿费方面，按点内人员为 150 元/（人·月）的拆迁补偿费、4000 元/亩的经济林补偿费及 400 元/座的祖坟搬迁补偿费进行补偿；房屋修建方面，按人员计算以 3 人户 105 平方米为基本户型，严格按照设计图纸与建筑规范进行修建。宅基地调换方面，参与农户整理土地总面积以 3 人共 1 亩、人均 0.34 亩（226.67 平方米）为标准，人均不足的，按 225 元/米^2 进行补足，剩余土地待国土资源主管部门验收后以约 120 元/米^2 的价格进行现金结算。这种操作办法实际上为平退宅基地 222.3 平方米，享受人均 35 平方米的建筑面积的清水房，如果农户愿意多修面积，则可以按照承包价格补足差价。

3. 耕地权属调整

（1）调田撺地与货币补偿相结合。凤栖苑土地权属调整采取的是调地与一次性货币补偿相结合的方式，而一次性补偿方式最令人瞩目。在面对每年付租金与一次性货币补偿的两种方式时，考虑到每年支付的租金可能会受到当年的经济形势影响，一次性货币补偿却可以让村民当下拿到现金，补偿金存在银行只会增加，而每年付租金、随行就市的付款方式可能会出现补偿金的减少。一次性补偿共计偿付 3200 多万元，虽然使总体成本陡增，但村民却得到了实惠。

考虑到外来投资商租地种树的价格是大约 2000 元/（亩·年）（有的交通位置、灌溉条件好的可以达到 2400 元），村民便与村委会达成 2000 元/（亩·年）的补偿价格，30 年共计 6 万元。国家规定农民土地承包经营期为具有稳定性的 30 年不变的政策具有稳定性，点内村民同意退地人均 0.10 亩，30 年期限内土地不能由自己种而由集体代为耕种。为了尽可能地弥补点内村民，点外村民同意人均退 0.10 亩分耕地，这些土地现在被确权为被占地村民的名下。这样，每户可以退地 0.4~0.5 亩，土地位置相对集中，为日后的流转与使用提供了方便。

（2）农户退地与集体代耕相结合。凤栖苑项目通过权属调整将人均退出承包的 0.10 亩土地与零星的土地、效益有待提高的土地集中起来，掌握在集体手中、由集体统一支配，保证集体经济组织拥有一定生产资料从而可以齐步发展。凤栖苑的土地权属调整兼顾了当前利益与长远利益、平衡了个人利益与集体利益，既补偿了村民现期的经济收益，又为日后集体经济发展"埋伏笔"，可谓"一举两得"。

通过项目建设，绿凤社区改善了农民收入、提高了村民生活质量与文明程度、村内民主得到进一步发扬、盘活了从前"不起眼"的资源。由于前期投资没有到位，土地利用规划需要重新制定，项目整体还未能成型，但凤栖苑的建设为绿凤社区的发展奠定了基础。

凤栖苑农民集中建房整理项目的建设提高了村内土地利用效率、节余了集体建设用地指标、改善了农村居住环境，增加了农民生产收入，谋划了未来发展空间，为这个川西坝子乡村开启了"第二次创业"之路。其中，项目的突出亮点是土地的权属调整。通过一次性货币补偿，村民退出部分承包土地，并由集体代耕代种，既补偿了村民现期的经济收益，又为日后集体经济发展"埋伏笔"，兼顾了当前利益与长远利益、平衡了个人利益与集体利益，可谓"一举两得"。

（九）小结：地方特色与绩效

1. "小组微生"的乡村发展理念

针对在以往增减挂钩项目中存在农民新居规模过大、集中度过高的问题，成都市提出农民新居建设实行"小规模聚居、组团式布局"（以下简称"小组微生"）。从规模来看，一般控制在 50~300 户。民居建筑风格体现为"紧凑型、低楼层、川西式"，避免农民"被上楼"、外墙贴瓷砖、采用卷帘门、乱建防雨棚和耕作半径过大等现象。从布局来看，要考虑群众生产生活半径，通常以 20~30 户为一个组团，单个组团最多不超过 50 户，组团间保持一定的距离和留有足够的生态空间，形成既适度集中又相对独立的自然有机分布格局。

针对在以往增减挂钩项目农民集中存在居住区建设过程中出现的破坏生态、"乡不像乡"的问题，成都市提出新村建设要体现"微田园风光"，保护好山水田林"生态本底"。微田园风光就是要做到"房前屋后、瓜果梨桃、鸟语花香"，保持农村的本色与风貌。以前，农民新居社区像城市居民社区一样规划了绿化空间，用于养护草坪，而"小组微生"项目则在农户的房前屋后规划适当的空间用作"小菜园""小果园"，既满足了农户的日常耕种需求，又起到了生态绿化、保持乡土风貌的作用。"生态化"则强调山水田林与民居和农民生活的关系，利用自然地形地貌，保护优质耕地、林盘和农耕文化，处理生活污水和垃圾，维护社区公共卫生。

2. "产村配治"的协同推进机制

成都市在推进增减挂钩项目实施过程中，改变了以往重建房而轻产业发展、配套服务完善和基层治理提升的弊端，将产业发展、新村建设、基础设施和公共服务配套与基层治理协同推进（简称"产村配治"），极大地提升了农民的福利水平。从产业发展来看，各村协同开展了农用地整理与规模流转，通过培育家庭农场、引入农业产业化龙头企业等途径，发展现代农业；利用整治节余的集体建设用地引进投资者，发展休闲农业和乡村旅游等第一、第二、第三产业融合项目。从设施配套来看，"小组微生"项目通常按照"1+21"的标准进行基础设施和公共服务设施配置，突出因地制宜、功能复合，优化整体布局和服务半径，构建"10 分钟生产生活圈"，大大提升了农民现代生活品质。

从基层治理来看，"小组微生"项目以充分保障"农民五权"（知情权、参与权、决策权、监督权和收益权）为目标，通过健全基层组织、制定村规民约、规范权力行使等措施，提升乡村治理水平。

3. "建改保"的分类整治方式

针对以往增减挂钩项目中大拆大建、乡土文明保护不足的问题，成都市提出按照"建改保"三种方式实行分类整治。"建"指新建房屋，主要适用于资金充足、原居住条件较差、居住分散的情形；"改"指改造房屋设施及外貌等，主要适用于资金欠充足、原居住条件稍好或因自然条件等不适宜拆旧建新的情形；"保"指保护性开发，主要适用于具有特殊历史文化价值与旅游资源的村落。例如，通过保护性开发，群安村余华龙门子的蒙古习俗、文化与建筑风貌得以保存。而明月村则坚持"建改保"三种整治方式并用，"新建"了明月新村、"改造"了近30处传统院落、"保护和修复"了明月古窑，并以此为基础开发打造"国际陶艺村"和文化创意产业。

4. 多样化的增减挂钩运行机制

从投资运营主体来看，增减挂钩的运行机制可以划分为政府主导型、资本主导型和农户自主型三种（表5-7）。

表5-7 城乡建设用地增减挂钩运作机制比较

项目	政府主导	资本主导	农户自主
立项主体	政府	企业	村集体
资金来源	由建新区政府承担项目建设资金	企业自筹	通过指标抵押向银行申请贷款；农户自筹；政府补贴
指标定价	成本计算；参考历史交易价格	指标交易定价	指标交易定价
指标使用	指标异挂到建新区，由政府部门统一调配和使用	指标交易；政府回购	指标交易；政府回购
指标收益	偿还前期垫资	偿还前期投入	偿还前期贷款，结余部分作为村集体资产
决策主体	政府为主，在房屋户型、外观、施工监督等方面参考农户意见	企业为主，在房屋户型、外观、施工监督等方面参考农户意见	整个建设过程均由农户自主决策
典型案例	邛崃市夹关镇周河扁、都江堰市鹤鸣新村、都江堰市天马镇凤栖苑	蒲江县甘溪镇明月村、新津县永商镇烽火社区	郫县安德镇安龙村、崇州市白头镇五星村、新都区新繁镇高院村

政府主导型增减挂钩，指由政府主导整个项目的实施和建设，政府力量体现在项目的立项、规划、拆旧、复垦、验收及指标使用等各个环节。项目立项由政府牵头，项目建设资金来自政府财政，项目决策由政府做主，项目节余指标由政府使用。例如，邛崃市夹关镇周河扁、都江堰市鹤鸣新村、都江堰市天马镇凤栖苑均是由政府主导的增减挂钩。

资本主导型增减挂钩，是指以企业为主导的增减挂钩。企业以其对资本增值的敏锐性，发现可以实施增减挂钩的区域，在经历自下而上的项目申报和层层审批之后，由企业负责整个项目的实施和决策。项目资金由企业自行筹集，项目决策主体是企业本身，通过农村产权交易所进行节余指标的交易或由政府按照一定的价格回购节余指标。例如，蒲江县甘溪镇明月村、新津县永商镇烽火社区是由资本主导的增减挂钩。

农户自主型增减挂钩，是指以农户或村集体为主导的增减挂钩。由农户自行建立资产管理公司负责整个项目的实施。其最突出的特点是项目实施的各个环节都由农户自主决策的，其中，包括成立资产管理公司、申报立项、拆旧建新、权属调整、筹集资金及利益分配等过程，农民的知情权、参与权和决策权得到了充分的保障。在农户自主型增减挂钩中，政府同样是发挥监督与服务的作用。例如，郫县安德镇安龙村、崇州市白头镇五星村、新都区新繁镇高院村是由农户自主进行的增减挂钩。

二、成都市增减挂钩政策运行效应分析

（一）提高土地资源配置效率

1. 对耕地保护的影响

在调研点位中，冉义镇安龙村城乡建设用地增减挂钩项目可以复垦出耕地763.30亩；明月村城乡建设用地增减挂钩项目拆旧复垦出耕地720.70亩；五星村城乡建设用地增减挂钩项目拆旧复垦出耕地383亩；烽火社区可复垦耕地523亩。这些地区通过城乡建设用地增减挂钩政策的实施与运用，将农户宅基地复垦为耕地，大大增加了当地的耕地面积。这些复垦耕地有的是分给农户继续耕种，有的是村集体统一进行流转。这些增加的耕地给农民带来了新的收入增长条件，同时，大面积的土地流转也为农村产业发展提供新的契机。城乡建设用地增减挂钩政策的实施，有利于耕地面积的增加。

2. 对节约集约用地的影响

在调研点位中，冉义镇全镇通过开展城乡建设用地增减挂钩项目，共节余建设用地指标4500亩；夹关镇通过城乡建设用地增减挂钩项目节余指标1700

亩；青杠树村通过城乡建设用地增减挂钩项目节余指标 269 亩；安龙村通过城乡建设用地增减挂钩项目节余指标 424 亩；明月村通过城乡建设用地增减挂钩项目节余指标 570 亩；五星村通过城乡建设用地增减挂钩项目节余指标 218 亩；玲珑锦院通过城乡建设用地增减挂钩项目节余指标 148.50 亩；鹤鸣新村通过城乡建设用地增减挂钩项目节余指标 239 亩；烽火社区通过城乡建设用地增减挂钩项目节余指标 364 亩。

通过城乡建设用地增减挂钩政策的实施，各调研点位节余了大量建设用地指标，为城镇建新区经济发展提供了土地要素保障。我国经济不断发展，城镇化进程尤为快速，农村建设用地特别是农村宅基地面积过大，而城镇建设用地面积不足的困境也较为明显。城乡建设用地增减挂钩政策通过对农村宅基地进行拆旧复垦，转化为建设用地指标，不但促进了农村宅基地的使用合理化，同时，缓解了城镇建设的用地压力。

（二）推动乡村经济社会发展

城乡建设用地增减挂钩不仅对参与农户的社会福利有直接影响，也对整个社会福利有着重要影响，具体来说有几个方面。

1. 对投资拉动的影响

城乡建设用地增减挂钩项目的开展势必会带来大量的投资，这是贯穿于整个项目开展始终的。整个项目中的拆旧、建新、农民集中居住无不涉及大量的投资。而这个高额的投资势必会对整个社会的经济发展产生巨大的拉动作用。一方面，开展增减挂钩项目会带来巨大的资金投入，进而给经济社会中的很多部门带来收入的增加，产生一系列连锁反应。在拆除农户旧房子、修建农户新居、建新区时会给建筑行业带来增长，而建筑行业的增长又将带动钢铁、水泥行业产出的增长，进而带来国民收入的增加。另一方面，增减挂钩项目是对区域土地资源的优化和重新分配。将指标挂到新的地区，为该地区新的经济建设增加了发展空间。成都市现行的增减挂钩项目规定当地必须保留至少 5% 的建设用地指标作为本地区未来发展的储备。这项规定使得增减挂钩在挂钩到异地发展异地经济的同时，保留了当地的未来发展权。

2. 对消费需求的影响

增减挂钩项目实施前后，农户的装修支出、食物支出和消费支出都有较大的增加，表明增减挂钩项目对于刺激农户消费需求具有较为明显的作用。

（1）装修支出方面，农户的装修消费需求有较大的增加。在参与增减挂钩项目之前，农户的房子大多已是修建多年，装修简单甚至是没有进行装修的房子，十分简陋。装修支出包括家具、家电等费用。在参加项目之后，农户搬进了漂亮的新居，绝大部分农户选择对新居进行装修，户均装修费用达到了

80000 元左右。这笔消费支出会给建筑业、家具业、家电业等一系列产业带来产出的增加，并增加相关行业工人的收入。

（2）食物支出方面，农户的食物支出也有较大的增加。在参加项目之前，农户大多是自给自足，食物支出较少。在参加项目之后，农户的土地一般随着项目流转，农户不再自己耕种自己使用，而选择在市场上购买食物。食物供给的改变带来了食物消费需求的增加，进而增加了食品行业的产出和工人的收入。

（3）综合消费方面，农户的消费支出由参加项目前的不足 15000 元/年增加到近 25000 元/年。在参加项目之后，生活环境的改变带来了农户消费习惯的改变，提高了在衣食住行方面的需求，增加了消费需求。消费需求的增加又会带来经济的增长。

3. 对产业发展的影响

城乡建设用地增减挂钩政策的实施对产业发展产生的影响，应通过三次产业产值来衡量，但是很多点位没有以村为单位对这个数据进行统计，所以无法通过具体数值来表示。城乡建设用地增减挂钩通常随着一定的产业发展，为农民修建新房不是项目的唯一目的，很多增减挂钩项目会引进一些产业来发展经济。这些产业的发展得益于增减挂钩项目实施后带来的环境和基础设施的极大改善，以及土地流转项目的同步实施。

安龙村依托城乡建设用地增减挂钩项目和良好的自然生态环境，以花卉苗木有机蔬菜为主导产业，成立了"安龙蔬菜"合作社，带动 20 户以上农户参与，并注册了"全家河坝"商标，同时，组建了"小微盆景"合作社，搭建了占地 13 亩的精品盆景园，投资约 400 万元；充分利用全家河坝、走马河等自然生态本底优势，就地使用部分土地综合整治的节余指标，启动了"安龙书院"、"成都院子"、神龙溪温泉等产业项目，并依靠这些项目的辐射带动作用，引导和支持村民利用"新建"川西林盘发展"三小经济"（小旅馆、小餐馆、小茶馆），推进休闲农业和乡村旅游发展。

周河扁新村在参与增减挂钩项目时，同步引进乡村旅游酒店产业。沫江山居乡村旅游管理公司于 2014 年 7 月进驻周河扁安置点，共投资约 200 多万元。已于 2015 年 5 月正式营业，目前，酒店已配备客房 21 间，接待床位 44 张，同时，流转土地 10 余亩，预计配套生态餐厅烧烤、露营、停车场等设施，此外，公司还将建设四季花语彩叶林基地，扩展水上漂流、茶马古道马帮体验、登山步道等项目，多元带动老百姓增收。

明月村的增减挂钩项目极大地改善了村容村貌，又有得天独厚的古窑遗址和茶山竹海资源，吸引了大量的文创人士开展自己新的事业。目前，明月村已引进项目 20 个，吸引了陶艺家、艺术家、设计师、作家、青年创客 10 余位。

随着明月村幸福美丽乡村项目的不断深化，明月村的知名度也越来越高，越来越多的"新村民"入住明月村，也有越来越多的游客慕名而来。2015年明月村接待游客10多万人次，仅2016年元旦假期，接待游客达7000余人次。

五星村在实施城乡建设用地增减挂钩政策后，结合白头镇产业现状、资源条件，依托10万亩粮食高产稳产高效综合示范项目核心区、桤木河湿地、重庆路旅游带，以粮经产业、特色乡村旅游为主导产业，以农产品加工为辅助产业。目前，在农村土地共营机制引领下，农户自愿将承包地折股加入合作社，全村耕地由土地股份合作社统一进行经营耕种，建成了粮食烘干、仓储、加工中心，并引进了"盘古""柏翠"两大农业产业公司投资农业项目，流转部分耕地进行特色种养规模经营，形成特色亮点，同时，解决项目区富余劳动力"不离乡、不离土"就近就业、增收致富。

高院村依托城乡建设用地增减挂钩项目，引入百草园、尚作有机农场、耕之园等产业项目，与本地汪家蔬菜合作社共同搭建起较为成熟的产业主体构架，将传统单一的种植业延伸为"种植—加工—展销—观光—体验—餐饮"一条龙式的产业链条，实现产业提档升级和农民多元、长效增收。①耕之园生态农业示范园是成都优耕生态农业科技有限公司于2014年7月启动的建设项目，计划总投资达到2600万元，定位于针对中高端用户进行的精品果蔬生产与观光采摘。②尚作有机农场项目计划总投资1.1亿元，流转土地400亩，租金为1500元/亩。农场全年出产产品超过70余种，年产天然无污染蔬菜500余吨。③明学川芎专业合作社于2013年9月在高院村流转600余亩土地，启动建设百草园项目，计划总投资4500万元。目前，已签约入驻家庭农场5户，经营面积300余亩，实现了共享共赢。

烽火社区在实施增减挂钩项目时，同步进行土地综合整治，全村约有3500亩的土地进行了流转，发展观光旅游农业。新津最高山——红豆山，流转给了明德志浩投资有限公司，建设成投资6亿元集赏花、娱乐于一体的低碳度假休闲的旅游项目，目前正在完善基础设施；村里还有部分土地流转用于建设家庭农场，已建成4家；村前占地400多亩的活泼坡也已流转为建设热带水果项目，特色水果数有10种。

4. 对农民增收的影响

城乡建设用地增减挂钩项目的实施在改善农户居住环境、整体村庄环境、引进产业发展的同时，也会对村集体经济产生影响，增加集体收入，提高农民收入。

青杠树村通过实施城乡建设用地增减挂钩项目，结合土地综合整治，实现第一、第三产业互动，带动当地老百姓从单纯靠传统农业种植增收转变为现在的土地流转分红、政策补助、住房租赁、经营农家乐、务工、集体经济入股分红等多元化增收。2012 年全村农业总产值为 1750 万元，农民人均纯收入为 11954 元，低于全镇平均水平。2015 年，青杠树村全体村民实现人均可支配收入 21079 元，比 2014 年净增 3000 元/人，高于全县 20584 元的农村居民人均可支配收入水平，高于全市 17690 元的农村居民人均可支配收入水平。2015 年，青杠树村共接待游客 100 余万人次，旅游业收入同比增长 20%。一是通过对青杠树商业规划及招商营销宣传策划进行招商引资，实现收入 40 万元，预计 2016 年年底将达 200 万元。二是制定商家规范经营标准及相关管理制度，规范区域内运营、管理秩序，提升区域形象和口碑，保障区域价值稳步提升，吸引投资者。三是平台公司收入除景区运营成本外，盈余收入用于资产管理公司村民股东分红。

2012 年 4 月，安龙村充分利用产权改革成果，梳理资源构成情况，利用资源入股组建成立了郫县安龙资产管理有限公司，作为土地综合整治项目的建设和融资主体，统一运作推进项目。2012 年，安龙村人均纯收入 13560 元，其中，农业经营性收入占 69%、工资性收入占 20%、转移性收入占 6%、财产性收入占 5%。2015 年，人均纯收入则达到了 24000 元，增长了 77%，农业经营性收入、转移性收入占比分别降至 30%、3%，工资性收入、财产性收入占比提高至 32%、35%，而财产性收入增加主要是源于房屋价值的提高。

鹤鸣新村的增减挂钩项目同时进行土地多数流转，土地流转价格为 700～800 元/亩，甚至 1000 斤大米不等。2012 年 2 月 10 日，由香港冠城集团投资的鹤鸣珍稀水果及农业观光旅游产业园项目正式签约。是以热带珍稀水果培育和销售为主，以公司+农户为主要形式的综合性的第一、第三产业互动的项目。将以柳街镇红雄村 120 亩大棚为育苗基地，以鹤鸣社区 100 亩大棚为种植示范基地，总投资约 6 亿元，极大地带动了周边现代休闲观光农业的发展。如今鹤鸣新村的农户收入结构发生了巨大变化，从以前靠卖粮卖菜和外出打工转变为"土地流转租金+务工收入（就地或外出）+乡村旅游+自留地种植收入"的收入模式，人均年收入从实施整理前的 3000 元增长到 6579 元，到 2015 年村里人均年收入已达到 10000 元。

明月村在建设新农村的过程中同步发展文化创意产业，带动村民增收创收，实现社会效益最大化。明月窑是明月村除了茶园竹海之外的又一重要资源，在明月村新农村建设项目中，特别重视对明月窑的修复、保护和再利用。明月窑的重新使用，吸引了更多的陶瓷界人士来创业。目前，明月村已经有明月窑、火痕烧、蜀山窑等 5 个窑口。陶瓷产业的崛起成为明月村经济发展的重要助推力量。现在，明月村的人均年收入已经达到 15676 元，相比项目实施之前的 12161 元已经有了巨大的提升。

五星村增减挂钩项目给当地村民带来了众多增加收入的渠道和机会：通过

"粮食+经济作物"复合高效模式,即"粮+草莓""粮+食用菌""粮+蔬菜""稻+蟹、鱼、虾、鳖共生"等模式发展现代农业,为当地村民创造了大量务工机会;通过实现土地全面流转解放劳动力,促进农民放手外出打工,提高效率;发展民宿客栈、"农家一桌餐"、湿地旅游服务配套等乡村旅游,给农户带来直接参与旅游服务的机会。2012年五星村人均纯收入为4800元,其中,经营性收入2256元、工资性收入2160元、财产性收入96元、转移性收入288元;2015年,人均纯收入达到17261元,其中,经营性收入7514元、工资性收入7910元、财产性收入1549元、转移性收入288元。由此可以看出,村民人均纯收入发生了巨大变化。

第六章 城乡建设用地增减挂钩政策发展趋势与展望

本章在前面各章分析的基础上，进一步概括和揭示城乡建设用地增减挂钩政策的发展态势，并展望其未来改革方向。

第一节 城乡建设用地增减挂钩政策发展趋势

一、由在县域范围内设置项目区向跨县域范围转变

经过调研了解情况，2014年上海市推出现状工业用地（即"198"区域）减量化政策，2015年2月4日，上海市原规划与国土资源局联合市发展改革委、市财政局、市经济信息化委共同印发《关于本市推进实施"198"区域减量化的指导意见》（沪规土资综〔2015〕88号），做出集中建设区外建设用地减少（拆旧地块）与集中建设区内建设用地增加（建新）相挂钩的用地安排，明确在区县范围内统筹使用挂钩节余指标的基础上，着力探索建立节余指标市级调剂机制，以实现区县之间的指标对接和调剂，加大对经济薄弱区县建设用地减量化工作的支持力度。

为大力支持扶贫攻坚工作，安徽省规定金寨县的宅基地腾退复垦指标可借助合肥公共资源交易平台，在省域范围内进行有偿调剂使用，从已成交的批次数据来看，指标受让方包括合肥市、黄山市、马鞍山市等，成交价格在40万~48万元/亩。

为全面实施乡村振兴战略，广东省也出台《全面推进拆旧复垦促进新农村建设工作方案》，明确指出通过拆旧复垦农村旧住宅、废弃宅基地、空心村等闲置建设用地所形成的复垦指标，在优先保障所在村建设需要后，节余指标可通过广州耕地储备指标交易中心设立的交易平台进行公开交易，交易范围扩至整个省域范围，统一用于城镇建设。

二、由拆旧建新整体审批向拆旧建新两条线管理转变

各地在实施增减挂钩的同时，创造性地将建新与拆旧工作分开管理。山东、浙江等省按照"先安置、后拆旧，先复垦、后使用"的原则开展增减挂钩，将拆旧与安置区单独组成项目区，编制规划实施方案，进行立项、审批、实施、验收，同时，将建新区与拆旧、安置组成的项目区进行独立开展，待复垦安置验收形成节余指标后再"落地"建新区。在增减挂钩政策支持扶贫开发及易地扶贫搬迁中，采取的也是拆旧、安置及建新分别进行规划、立项、报备、实施和验收。例如，安徽省金寨县，安置地块按照每个行政村设 1 个中心村庄、不超过 3 个保留自然村庄的原则，编制村级土地利用规划、村庄布点规划等，将全县 1.64 万个自然村规划建设为 183 个中心村庄和 397 个保留自然村庄，共计 580 个集中搬迁安置点。

三、由周转指标控制向流量化管理转变

各地在遵循周转指标控制拆旧建新规模的同时，也在探索"先垦后用"的流量化管理，特别是近年来上海市推行的"198"区域工业用地减量化政策，明确采取集建区外减量化与集建区内增量化相挂钩，并自行设定 2015—2017 年减量 20 平方千米、至 2020 年减量 40~50 平方千米的目标。

第二节 城乡建设用地增减挂钩政策发展展望

一、推动增减挂钩政策实施体制机制创新

根据增减挂钩的实践经验及其发展趋势，特别是增减挂钩政策支持扶贫开发的新创造、新经验，增减挂钩政策应当实行"拆旧建新两条线"的管理模式，实行拆旧区与安置区组合立项管理、建新区单独审批管理，或者拆旧区、安置区、建新区均分别审批立项及实施，当然也可以是拆旧区单独立项、安置区与建新区捆绑实施。另外，扶贫开发过程中增减挂钩节余指标在省域范围交易的做法，已受到各界的肯定。

与增减挂钩政策实施管理体制机制的创新相适应，增减挂钩规划编制、报批条件、立项手续、审批流程、组织实施、验收程序等也须做出相应的调整，进一步明确责任主体，加强各个环节的监督检查。特别是，要加强增减挂钩政

策与其他政策的协调，实现信息共享与互通，确保因实施增减挂钩而新增的耕地可用于落实补充耕地政策。

二、探索完善省域内增减挂钩指标流转实施管理

进一步细化省域内增减挂钩指标流转的收益使用管理，由相关部门进一步明确收益返还集体经济组织、返还分散安置当事农户的具体支出科目和支出方式，明确社会资本参与城乡建设用地增减挂钩的利益分配方式，达到运用市场化机制拓宽资金渠道、加快推进增减挂钩项目实施目的。督促地方加快拆旧复垦实施进度，避免出现城乡建设用地数量双增局面。注重对市、县自然资源主管部门的培训，提高灵活运用增减挂钩政策的能力，不碰政策红线。

三、规范增减挂钩节余指标跨省域流转

深度贫困地区的节余指标跨省域流转为脱贫攻坚注入了新动能。节余指标跨省域流转前所未有，流转规模、流转方式、流转价格、监测监管等方面需要摸索，这类流转的成功案例值得期待和重点关注。

脱贫攻坚越深入，对增减挂钩制度设计的要求越高。节余指标跨省域流转势必对规划管理体制产生深远影响，对监管手段的综合运用等都提出了更高要求，这就需要自然资源主管部门持续推动增减挂钩政策支持扶贫的体制机制创新和规范化管理，出实招、求实效，加快释放土地政策，助推脱贫攻坚。

四、加强增减挂钩指标交易的风险管理

土地指标交易市场的运行及发展，离不开政府的有效管理。在指标交易市场的制度设计中，政府必须搭建指标交易平台，指定指标市场的交易主体，制定和实施指标交易的基准价格，建立指标储备库，建立交易信息公开发布制度等，以防范化解土地指标市场运行的潜在风险。

附录　城乡建设用地增减挂钩相关的重要政策文件

国务院关于深化改革严格土地管理的决定

（国发〔2004〕28号）

各省、自治区、直辖市人民政府，国务院各部委、各直属机构：

实行最严格的土地管理制度，是由我国人多地少的国情决定的，也是贯彻落实科学发展观，保证经济社会可持续发展的必然要求。去年以来，各地区、各部门认真贯彻党中央、国务院部署，全面清理各类开发区，切实落实暂停审批农用地转用的决定，土地市场治理整顿取得了积极进展，有力地促进了宏观调控政策的落实。但是，土地市场治理整顿的成效还是初步的、阶段性的，盲目投资、低水平重复建设，圈占土地、乱占滥用耕地等问题尚未根本解决。因此，必须正确处理保障经济社会发展与保护土地资源的关系，严格控制建设用地增量，努力盘活土地存量，强化节约利用土地，深化改革，健全法制，统筹兼顾，标本兼治，进一步完善符合我国国情的最严格的土地管理制度。现决定如下：

一、严格执行土地管理法律法规

（一）牢固树立遵守土地法律法规的意识。各地区、各有关部门要深入持久地开展土地法律法规的学习教育活动，深刻认识我国国情和保护耕地的极端重要性，本着对人民、对历史负责的精神，严格依法管理土地，积极推进经济增长方式的转变，实现土地利用方式的转变，走符合中国国情的新型工业化、城市化道路。进一步提高依法管地用地的意识，要在法律法规允许的范围内合理用地。对违反法律法规批地、占地的，必须承担法律责任。

（二）严格依照法定权限审批土地。农用地转用和土地征收的审批权在国务院和省、自治区、直辖市人民政府，各省、自治区、直辖市、人民政府不得违反法律和行政法规的规定下放土地审批权。严禁规避法定审批权限，将单个建设项目用地拆分审批。

（三）严格执行占用耕地补偿制度。各类非农业建设经批准占用耕地的，建设单位必须补充数量、质量相当的耕地，补充耕地的数量、质量实行按等级折算，防止占多补少、占优补劣。不能自行补充的，必须按照各省、自治区、直辖市的规定缴纳耕地开垦费。耕地开垦费要列入专户管理，不得减免和挪作他用。政府投资的建设项目也必须将补充耕地费用列入工程概算。

（四）禁止非法压低地价招商。省、自治区、直辖市人民政府要依照基准地价制定并公布协议出让土地最低价标准。协议出让土地除必须严格执行规定程序外，出让价格不得低于最低价标准。违反规定出让土地造成国有土地资产流失的，要依法追究责任；情节严重的，依照《中华人民共和国刑法》的规定，以非法低价出让国有土地使用权罪追究刑事责任。

（五）严格依法查处违反土地管理法律法规的行为。当前要着重解决有法不依、执法不严、违法不究和滥用行政权力侵犯农民合法权益的问题。要加大土地管理执法力度，严肃查处非法批地、占地等违法案件。建立国土资源与监察等部门联合办案和案件移送制度，既查处土地违法行为，又查处违法责任人。典型案件，要公开处理。对非法批准占用土地、征收土地和非法低价出让国有土地使用权的国家机关工作人员，依照《监察部国土资源部关于违反土地管理规定行为行政处分暂行办法》给予行政处分；构成犯罪的，依照《中华人民共和国刑法》、《中华人民共和国土地管理法》、《最高人民法院关于审理破坏土地资源刑事案件具体应用法律若干问题的解释》和最高人民检察院关于渎职犯罪案件立案标准的规定，追究刑事责任。对非法批准征收、使用土地，给当事人造成损失的，还必须依法承担赔偿责任。

二、加强土地利用总体规划、城市总体规划、村庄和集镇规划实施管理

（六）严格土地利用总体规划、城市总体规划、村庄和集镇规划修改的管理。在土地利用总体规划和城市总体规划确定的建设用地范围外，不得设立各类开发区（园区）和城市新区（小区）。对清理后拟保留的开发区，必须依据土地利用总体规划和城市总体规划，按照布局集中、用地集约和产业集聚的原则严格审核。严格土地利用总体规划的修改，凡涉及改变土地利用方向、规模、重大布局等原则性修改，必须报原批准机关批准。城市总体规划、村庄和集镇规划也不得擅自修改。

（七）加强土地利用计划管理。农用地转用的年度计划实行指令性管理，跨年度结转使用计划指标必须严格规范。改进农用地转用年度计划下达和考核办法，对国家批准的能源、交通、水利、矿山、军事设施等重点建设项目用地

和城、镇、村的建设用地实行分类下达，并按照定额指标、利用效益等分别考核。

（八）从严从紧控制农用地转为建设用地的总量和速度。加强农用地转用审批的规划和计划审查，强化土地利用总体规划和土地利用年度计划对农用地转用的控制和引导，凡不符合规划、没有农用地转用年度计划指标的，不得批准用地。为巩固土地市场治理整顿成果，2004 年农用地转用计划指标不再追加；对过去拖欠农民的征地补偿安置费在 2004 年年底前不能足额偿还的地方，暂缓下达该地区 2005 年农用地转用计划。

（九）加强建设项目用地预审管理。凡不符合土地利用总体规划、没有农用地转用计划指标的建设项目，不得通过项目用地预审。发展改革等部门要通过适当方式告知项目单位开展前期工作，项目单位提出用地预审申请后，国土资源部门要依法对建设项目用地进行审查。项目建设单位向发展改革等部门申报核准或审批建设项目时，必须附国土资源部门预审意见；没有预审意见或预审未通过的，不得核准或批准建设项目。

（十）加强村镇建设用地的管理。要按照控制总量、合理布局、节约用地、保护耕地的原则，编制乡（镇）土地利用总体规划、村庄和集镇规划，明确小城镇和农村居民点的数量、布局和规模。鼓励农村建设用地整理，城镇建设用地增加要与农村建设用地减少相挂钩。农村集体建设用地，必须符合土地利用总体规划、村庄和集镇规划，并纳入土地利用年度计划，凡占用农用地的必须依法办理审批手续。禁止擅自通过"村改居"等方式将农民集体所有土地转为国有土地。禁止农村集体经济组织非法出让、出租集体土地用于非农业建设。改革和完善宅基地审批制度，加强农村宅基地管理，禁止城镇居民在农村购置宅基地。引导新办乡村工业向建制镇和规划确定的小城镇集中。在符合规划的前提下，村庄、集镇、建制镇中的农民集体所有建设用地使用权可以依法流转。

（十一）严格保护基本农田。基本农田是确保国家粮食安全的基础。土地利用总体规划修编，必须保证现有基本农田总量不减少，质量不降低。基本农田要落实到地块和农户，并在土地所有权证书和农村土地承包经营权证书中注明。基本农田保护图件备案工作，应在新一轮土地利用总体规划修编后三个月内完成。基本农田一经划定，任何单位和个人不得擅自占用，或者擅自改变用途，这是不可逾越的"红线"。符合法定条件，确需改变和占用基本农田的，必须报国务院批准；经批准占用基本农田的，征地补偿按法定最高标准执行，对以缴纳耕地开垦费方式补充耕地的，缴纳标准按当地最高标准执行。禁止占用基本农田挖鱼塘、种树和其他破坏耕作层的活动，禁止以建设"现代农业园区"或者"设施农业"等任何名义，占用基本农田变相从事房地产开发。

三、完善征地补偿和安置制度

（十二）完善征地补偿办法。县级以上地方人民政府要采取切实措施，使被征地农民生活水平不因征地而降低。要保证依法足额和及时支付土地补偿费、安置补助费以及地上附着物和青苗补偿费。依照现行法律规定支付土地补偿费和安置补助费，尚不能使被征地农民保持原有生活水平的，不足以支付因征地而导致无地农民社会保障费用的，省、自治区、直辖市人民政府应当批准增加安置补助费。土地补偿费和安置补助费的总和达到法定上限，尚不足以使被征地农民保持原有生活水平的，当地人民政府可以用国有土地有偿使用收入予以补贴。省、自治区、直辖市人民政府要制订并公布各市县征地的统一年产值标准或区片综合地价，征地补偿做到同地同价，国家重点建设项目必须将征地费用足额列入概算。大中型水利、水电工程建设征地的补偿费标准和移民安置办法，由国务院另行规定。

（十三）妥善安置被征地农民。县级以上地方人民政府应当制定具体办法，使被征地农民的长远生计有保障。对有稳定收益的项目，农民可以经依法批准的建设用地土地使用权入股。在城市规划区内，当地人民政府应当将因征地而导致无地的农民，纳入城镇就业体系，并建立社会保障制度；在城市规划区外，征收农民集体所有土地时，当地人民政府要在本行政区域内为被征地农民留有必要的耕作土地或安排相应的工作岗位；对不具备基本生产生活条件的无地农民，应当异地移民安置。劳动和社会保障部门要会同有关部门尽快提出建立被征地农民的就业培训和社会保障制度的指导性意见。

（十四）健全征地程序。在征地过程中，要维护农民集体土地所有权和农民土地承包经营权的权益。在征地依法报批前，要将拟征地的用途、位置、补偿标准、安置途径告知被征地农民；对拟征土地现状的调查结果须经被征地农村集体经济组织和农户确认；确有必要的，国土资源部门应当依照有关规定组织听证。要将被征地农民知情、确认的有关材料作为征地报批的必备材料。要加快建立和完善征地补偿安置争议的协调和裁决机制，维护被征地农民和用地者的合法权益。经批准的征地事项，除特殊情况外，应予以公示。

（十五）加强对征地实施过程监管。征地补偿安置不落实的，不得强行使用被征土地。省、自治区、直辖市人民政府应当根据土地补偿费主要用于被征地农户的原则，制订土地补偿费在农村集体经济组织内部的分配办法。被征地的农村集体经济组织应当将征地补偿费用的收支和分配情况，向本集体经济组织成员公布，接受监督。农业、民政等部门要加强对农村集体经济组织内部征地补偿费用分配和使用的监督。

四、健全土地节约利用和收益分配机制

（十六）实行强化节约和集约用地政策。建设用地要严格控制增量，积极盘活存量，把节约用地放在首位，重点在盘活存量上下功夫。新上建设项目首先要利用现有建设用地，严格控制建设占用耕地、林地、草原和湿地。开展对存量建设用地资源的普查，研究制定鼓励盘活存量的政策措施。各地区、各有关部门要按照集约用地的原则，调整有关厂区绿化率的规定，不得圈占土地搞"花园式工厂"。在开发区（园区）推广多层标准厂房。对工业用地在符合规划、不改变原用途的前提下，提高土地利用率和增加容积率的，原则上不再收取或调整土地有偿使用费。基础设施和公益性建设项目，也要节约合理用地。今后，供地时要将土地用途、容积率等使用条件的约定写入土地使用合同。对工业项目用地必须有投资强度、开发进度等控制性要求。土地使用权人不按照约定条件使用土地的，要承担相应的违约责任。在加强耕地占用税、城镇土地使用税、土地增值税征收管理的同时，进一步调整和完善相关税制，加大对建设用地取得和保有环节的税收调节力度。

（十七）推进土地资源的市场化配置。严格控制划拨用地范围，经营性基础设施用地要逐步实行有偿使用。运用价格机制抑制多占、滥占和浪费土地。除按现行规定必须实行招标、拍卖、挂牌出让的用地外，工业用地也要创造条件逐步实行招标、拍卖、挂牌出让。经依法批准利用原有划拨土地进行经营性开发建设的，应当按照市场价补缴土地出让金。经依法批准转让原划拨土地使用权的，应当在土地有形市场公开交易，按照市场价补缴土地出让金；低于市场价交易的，政府应当行使优先购买权。

（十八）制订和实施新的土地使用标准。依照国家产业政策，国土资源部门对淘汰类、限制类项目分别实行禁止和限制用地，并会同有关部门制订工程项目建设用地定额标准，省、自治区、直辖市人民政府可以根据实际情况制订具体实施办法。继续停止高档别墅类房地产、高尔夫球场等用地的审批。

（十九）严禁闲置土地。农用地转用批准后，满两年未实施具体征地或用地行为的，批准文件自动失效；已实施征地，满两年未供地的，在下达下一年度的农用地转用计划时扣减相应指标，对具备耕作条件的土地，应当交原土地使用者继续耕种，也可以由当地人民政府组织耕种。对用地单位闲置的土地，严格依照《中华人民共和国土地管理法》的有关规定处理。

（二十）完善新增建设用地土地有偿使用费收缴办法。新增建设用地土地有偿使用费实行先缴后分，按规定的标准就地全额缴入国库，不得减免，并由国库按规定的比例就地分成划缴。审计部门要加强对新增建设用地土地有偿使用费征收和使用的监督检查。对减免和欠缴的，要依法追缴。财政部、国土资

源部要适时调整新增建设用地土地有偿使用费收取标准。新增建设用地土地有偿使用费要严格按法定用途使用，由中央支配的部分，要向粮食主产区倾斜。探索建立国有土地收益基金，遏制片面追求土地收益的短期行为。

五、建立完善耕地保护和土地管理的责任制度

（二十一）明确土地管理的权力和责任。调控新增建设用地总量的权力和责任在中央，盘活存量建设用地的权力和利益在地方，保护和合理利用土地的责任在地方各级人民政府，省、自治区、直辖市人民政府应负主要责任。在确保严格实施土地利用总体规划，不突破土地利用年度计划的前提下，省、自治区、直辖市人民政府可以统筹本行政区域内的用地安排，依照法定权限对农用地转用和土地征收进行审批，按规定用途决定新增建设用地土地有偿使用费地方分成部分的分配和使用，组织本行政区域内耕地占补平衡，并对土地管理法律法规执行情况进行监督检查。地方各级人民政府要对土地利用总体规划确定的本行政区域内的耕地保有量和基本农田保护面积负责，政府主要领导是第一责任人。地方各级人民政府都要建立相应的工作制度，采取多种形式，确保耕地保护目标落实到基层。

（二十二）建立耕地保护责任的考核体系。国务院定期向各省、自治区、直辖市下达耕地保护责任考核目标。各省、自治区、直辖市人民政府每年要向国务院报告耕地保护责任目标的履行情况。实行耕地保护责任考核的动态监测和预警制度。国土资源部会同农业部、监察部、审计署、统计局等部门定期对各省、自治区、直辖市耕地保护责任目标履行情况进行检查和考核，并向国务院报告。对认真履行责任目标，成效突出的，要给予表彰，并在安排中央支配的新增建设用地土地有偿使用费时予以倾斜。对没有达到责任目标的，要在全国通报，并责令限期补充耕地和补划基本农田。对土地开发整理补充耕地的情况也要定期考核。

（二十三）严格土地管理责任追究制。对违反法律规定擅自修改土地利用总体规划的、发生非法占用基本农田的、未完成耕地保护责任考核目标的、征地侵害农民合法权益引发群体性事件且未能及时解决的、减免和欠缴新增建设用地土地有偿使用费的、未按期完成基本农田图件备案工作的，要严肃追究责任，对有关责任人员由上级主管部门或监察机关依法定权限给予行政处分。同时，上级政府要责令限期整改，整改期间暂停农用地转用和征地审批。具体办法由国土资源部会同有关部门另行制订。实行补充耕地监督的责任追究制，国土资源部门和农业部门负责对补充耕地的数量和质量进行验收，并对验收结果承担责任。省、自治区、直辖市国土资源部门和农业部门要加强监督检查。

（二十四）强化对土地执法行为的监督。建立公开的土地违法立案标准。

对有案不查、执法不严的，上级国土资源部门要责令其作出行政处罚决定或直接给予行政处罚。坚决纠正违法用地只通过罚款就补办合法手续的行为。对违法用地及其建筑物和其他设施，按法律规定应当拆除或没收的，不得以罚款、补办手续取代；确需补办手续的，依法处罚后，从新从高进行征地补偿和收取土地出让金及有关规费。完善土地执法监察体制，建立国家土地督察制度，设立国家土地总督察，向地方派驻土地督察专员，监督土地执法行为。

（二十五）加强土地管理行政能力建设。2004年年底以前要完成省级以下国土资源管理体制改革，理顺领导干部管理体制、工作机制和加强基层队伍建设。市、县人民政府要保证基层国土资源管理所机构、编制、经费到位，切实发挥基层国土资源管理所在土地管理执法中的作用。国土资源部要会同有关部门抓紧建立和完善统一的土地分类、调查、登记和统计制度，启动新一轮土地调查，保证土地数据的真实性。组织实施"金土工程"。充分利用现代高新技术加强土地利用动态监测，建立土地利用总体规划实施、耕地保护、土地市场的动态监测网络。

各地区、各有关部门要以"三个代表"重要思想为指导，牢固树立科学发展观和正确的政绩观，把落实好最严格的土地管理制度作为对执政能力和依法行政能力的检验。高度重视土地的保护和合理利用，认真总结经验，积极推进土地管理体制改革，不断完善土地法制，建立严格、科学、有效的土地管理制度，维护好广大人民群众的根本利益，确保经济社会的可持续发展。

国务院

二〇〇四年十月二十一日

国土资源部关于印发《关于规范城镇建设用地增加与农村建设用地减少相挂钩工作的意见》的通知

（国土资发〔2005〕207号）

各省、自治区、直辖市国土资源厅（国土环境资源厅、国土资源局、国土资源和房屋管理局、房屋土地资源管理局）：

为了贯彻落实《国务院关于深化改革严格土地管理的决定》（国发〔2004〕28号），推进土地集约节约利用，促进城乡统筹发展，部研究制定了《关于规范城镇建设用地增加与农村建设用地减少相挂钩试点工作的意见》（以下简称《规范意见》）。现予印发，请遵照执行。

已经申请开展试点工作的天津、浙江、江苏、安徽、山东、湖北、广东、四川等省（市），应尽快按照《规范意见》的要求，严格筛选试点项目区，认真编制试点工作总体方案，年底前报部批准。

国土资源部

二〇〇五年十月十一日

关于规范城镇建设用地增加与 农村建设用地减少相挂钩工作的意见

为了贯彻党的十六届五中全会关于建设社会主义新农村的精神，落实《国务院关于深化改革严格土地管理的决定》（国发〔2004〕28号）关于城镇建设用地增加与农村建设用地减少相挂钩的要求，切实做好试点工作，扎实推进农村建设用地整理，促进节约集约用地和城乡统筹发展，根据《中华人民共和国土地管理法》及相关法规规定，提出以下指导意见。

一、试点工作的基本要求

（一）城镇建设用地增加与农村建设用地减少相挂钩的试点（以下简称挂钩试点），是指依据土地利用总体规划，将若干拟复垦为耕地的农村建设用地地块（即拆旧地块）和拟用于城镇建设的地块（即建新地块）共同组成建新拆旧项目区（以下简称项目区），通过建新拆旧和土地复垦，最终实现项目区内建设用地总量不增加，耕地面积不减少、质量不降低，用地布局更合理的土地整理工作。

挂钩试点工作必须贯彻落实严格保护耕地特别是基本农田、促进建设用地节约集约利用的总要求。建新地块的总面积不得大于拆旧地块的总面积。建新地块中用于安置拆旧地块农村居民的土地面积应低于原占用面积，建新地块中其他建设用地的集约利用水平应高于现有存量建设用地。拆旧地块复垦耕地的数量、质量应不低于建新占用的耕地，并与基本农田建设和保护相结合。

（二）挂钩试点的规模控制和管理，通过下达一定数量的城镇建设用地增加与农村建设用地减少相挂钩的周转指标（以下简称挂钩周转指标）来进行。挂钩周转指标专项用于项目区内建新地块的面积规模控制，并在规定时间内用拆旧地块复垦出来的耕地面积归还，归还的耕地面积数不得少于下达的挂钩周转指标。

（三）挂钩试点工作应遵循以下工作原则：

1. 以规划控制建新拆旧规模，引导城乡用地布局、结构调整；

2. 以挂钩周转指标安排建新拆旧年度规模，调控实施进度，考核计划目标；

3. 以项目区实施为核心，实行行政辖区和项目区建新拆旧双层审批、考核和管理；

4. 以制度改革、机制创新为基础，促进耕地保护和建设用地节约集约利用；

5. 因地制宜，统筹安排，突出重点，分步实施；

6. 尊重群众意愿，维护集体和农户土地合法权益。

（四）挂钩试点工作主要任务是：深入分析农村建设用地整理的基础条件、发展潜力和制约因素；研究落实城镇建设用地增加与农村建设用地减少相挂钩的思路、原则和方法；积极探索相关的政策、机制和激励措施；研究提出挂钩工作的组织方式、管理制度、技术措施和监管手段，为全面推进城镇建设用地增加与农村建设用地减少相挂钩工作积累经验、奠定基础。

（五）挂钩试点工作的主要内容：

1. 开展挂钩试点地区农村建设用地整理专项调查，分析试点地区农村建设用地整理的潜力和可行性；

2. 结合新一轮土地利用总体规划修编，探索实行挂钩周转试点区域的规划思路、原则、方法，立足优化城乡用地结构，结合用途管制分区，编制项目区实施规划；

3. 依据规划，按照建新与拆旧必须挂钩联动的原则，统筹安排项目区，在同一项目区内落实拆旧地块与建新地块；

4. 研究制定挂钩周转指标的使用管理办法，包括挂钩周转指标的规模、使用范围、运行周期、归还办法、监控措施等；

5. 提出项目区实施管理措施，包括项目区的申报审批、组织实施、检查监督、成果验收等；

6. 开展农村建设用地整理土地产权研究，探索农村建设用地流转制度；

7. 研究提出促进农村建设用地整理，推进节约集约利用土地的经济机制和政策措施；

8. 研究项目区土地整理所涉及的土地确权登记的内容、程序、方法等。

（六）挂钩试点应落实规划先行，依据土地利用总体规划制定挂钩试点专项规划，实现规划引导。挂钩试点的规划工作要遵循以下原则：

1. 严格执行土地利用总体规划，确保试点区域和项目区的建设用地总量不增加，耕地和基本农田数量不减少、质量不降低；

2. 坚持节约和集约利用土地，优化城乡用地结构和布局，促进城乡协调发展；

3. 保护和改善生态环境，促进土地的可持续利用；

二、挂钩周转指标和项目区的管理

（七）挂钩试点的规模按国家和省（区、市）下达的挂钩周转指标控制。挂钩周转指标按照"总量控制、封闭运行、定期考核、到期归还"的原则进行管理。

（八）挂钩试点工作实行行政区域和项目区双层管理，并以项目区为主体组织实施。项目区的设置要便于实施和管理，规模适度，建新和拆旧地块在地域上要尽可能接近，在试点市、县行政辖区内设置，并避让基本农田。

（九）试点市、县要在调查分析农村建设用地整理条件、潜力和预测城镇建设用地需求的基础上，依据土地利用总体规划和城市、村镇规划，编制项目区实施规划，统筹确定城镇建设用地增加和农村建设用地撤并的规模和范围，合理安排建新区的城镇村建设用地比例，确保项目区建设用地总量不增加，耕地和基本农田面积不减少、质量不下降，各类用地结构和布局科学合理。

（十）挂钩周转指标分别以行政区域和项目区为考核单位，两者的用地规模都不得突破下达的挂钩周转指标规模。对各项目区挂钩周转指标的使用情况、归还进度等，要独立进行考核和管理；对试点市、县挂钩周转指标的使用情况、归还进度等，要综合行政辖区内的所有项目区进行整体考核和管理。

（十一）挂钩周转指标由省级国土资源管理部门根据试点市、县及项目区情况提出申请，报国土资源部核定。

挂钩周转指标下达试点省（区、市）后，由省级国土资源管理部门按项目区分解下达到各试点市、县。

（十二）挂钩周转指标由下达至归还的期限一般不超过三年。各级国土资源管理部门要建立挂钩周转指标台账，加强管理和监督。省级国土资源管理部门要指导试点市、县，根据项目区实施规划，制订分年度指标归还计划；每年对各试点市、县和项目区的实施情况进行检查验收，并将验收合格的、由农村建设用地复垦得到的耕地，核定归还指标。

三、挂钩试点的相关配套政策及管理

（十三）挂钩试点涉及的农用地和建设用地的调整、互换、使用，必须统一纳入项目区，按项目区整体审批。对未纳入项目区、无挂钩周转指标的地块，不得改变土地用途，涉及农用地改变为新增建设用地的应依法办理农用地转用手续。

（十四）项目区内建新地块用于商品房开发的，应是国有土地。项目区内需要征收集体土地的，应依法办理土地征收手续，并依法给予补偿。

（十五）项目区内建新地块中增加的经营性用地，一律按照规定实行招标拍卖挂牌供地。

（十六）通过开展土地评估、界定土地权属，按照同类土地等价交换的原则，合理进行土地调整、互换和补偿。根据"依法、自愿、有偿、规范"的要求，创新激励机制，探索集体建设用地流转，促进挂钩试点工作。

（十七）项目区竣工验收后，要在规定的时间内完成地籍调查，明确地块界址，并依法办理土地权属变更登记手续，保护土地产权人的合法权益。

四、挂钩试点的工作组织

（十八）国土资源部负责对全国挂钩试点工作的组织和指导；试点省（区、市）的省级国土资源管理部门负责辖区内试点工作的管理与监督；试点市、县国土资源管理部门负责本行政区域内试点工作的具体组织实施。

（十九）试点省（区、市）的省级国土资源管理部门负责制定省级试点工作总体方案。总体方案的主要内容包括试点单位、挂钩周转指标规模、组织管理、工作进度、实施措施等。省级试点工作总体方案经国土资源部批准后实施。

（二十）试点市、县负责制定试点实施工作计划和项目区实施规划，经省级国土资源部门批准后实施。具体报批程序和要求由省级国土资源管理部门制定。

（二十一）省级或市级国土资源管理部门应在每年年底对试点行政辖区及项目区进行检查考核，并向上一级国土资源部门作出报告。

项目区实施完成后，由省级国土资源管理部门检查验收。验收时项目区需提供1∶1万或更大比例尺的项目区土地利用现状图和必要的遥感影像资料，与实施前留存的同类图件和资料进行比对和核查。

（二十二）国土资源部定期对试点工作进行检查。对未能按计划及时归还指标的省（区、市），停止下达下一年度的挂钩试点周转指标，并对该省的土地利用计划予以相应扣减，情况严重时停止该省（区、市）的挂钩试点工作。

国土资源部关于进一步规范城乡建设用地
增减挂钩试点工作的通知

（国土资发〔2007〕169 号）

天津、内蒙古、江苏、浙江、安徽、山东、河南、湖北、广东、四川等省
（区、市）国土资源厅（局）：

《关于规范城镇建设用地增加与农村建设用地减少相挂钩试点工作的意见》
（国土资发〔2005〕207 号）下发以来，各试点省（区、市）高度重视、精心
组织、扎实推进城乡建设用地增减挂钩试点（以下简称挂钩试点），积累了一
些经验，取得了积极成效。但是，个别试点地区仍存在思想认识不统一、整体
审批不完善、跟踪监管不到位等问题。为统一思想，明确要求，严格管理，稳
步推进，现就进一步规范试点工作的有关问题通知如下：

一、统一思想认识，进一步明确挂钩试点工作的指导原则

推进城乡建设用地增减挂钩工作，是贯彻落实《国务院关于深化改革严格
土地管理的决定》（国发〔2004〕28 号）的重要措施。挂钩试点工作要以落实
科学发展观、构建和谐社会为统领，坚持以改善农村生产和生活条件为目标，
以优化用地结构和节约集约用地为重点，以保护资源、保障权益为出发点和落
脚点。各试点省（区、市）要按照国发〔2004〕28 号和国土资发〔2005〕207
号文件的要求，充分认识挂钩试点工作的重要意义，统一思想认识，明确指导
原则，严格规范管理，扭转片面追求周转指标规模等倾向，防止大拆大建、侵
害农民权益等行为。

二、突出规划引导，严格控制挂钩试点的范围和规模

强化规划对挂钩试点工作的整体控制。要按照现行土地利用总体规划的要
求，统筹安排试点并合理组织试点项目区，优先考虑城乡结合部等有条件的地
区开展试点；要在土地利用总体规划的指导下，科学编制挂钩专项规划，合理
布局项目建新区和拆旧区，避免城乡建设中的二次拆迁；要扎实做好项目区实
施规划编制工作，高度重视项目区土地利用现状调查、社会经济状况和村民意
愿调查等基础工作，确保项目区严格按规划实施。

严格控制试点范围和规模。推进城乡增减挂钩工作，要与当地经济社会和城镇化发展水平相适应，要充分考虑农村社会保障能力，充分尊重当地文化习惯和农民意愿。要从严控制挂钩试点的范围，试点必须经部批准，未经批准不得擅自开展。要严格按照部批复的省级挂钩试点工作总体方案及下达的挂钩周转指标总规模，合理确定挂钩试点项目区。不得随意扩大试点范围，不得擅自突破规划，不得突破周转指标规模，未经批准擅自开展挂钩试点，增加建设用地的，要追究责任，并相应扣减土地利用年度计划指标。

三、从严规范管理，促进挂钩试点工作有序开展

严格规范试点项目区的整体审批。挂钩试点涉及的农用地和建设用地调整、互换、使用，统一纳入项目区进行整体审批，实行行政区域和项目区双重管理，对未经整体审批的项目区，不得使用挂钩周转指标。要进一步规范项目区实施规划的审批和备案工作，要在不突破省级试点总体方案及挂钩周转指标总规模的前提下，从严审批项目区实施规划，并及时报部备案。

加强挂钩周转指标的全程跟踪管理，确保指标按时足额归还。挂钩周转指标专项用于项目区内建新地块的面积规模控制，不得作为年度新增建设用地计划指标使用。归还的周转指标，农用地不得少于建新占用的新增建设用地规模，耕地不得少于建新占用的耕地面积。要建立挂钩周转指标台账管理制度，全程跟踪挂钩周转指标的下达、使用和核定归还。要建立并严格执行挂钩试点工作年度考核和验收制度，建立挂钩试点情况年度报告制度。

四、尊重农民意愿，切实保障农民合法权益

充分尊重农民意愿。要保障农民的知情权和参与权，建立公众参与和监督制度，项目区选点布局要实行听证、论证，充分吸收当地农民和社会各界意见；项目区实施过程中，涉及农用地和建设用地调整、互换，以及集体土地征收，涉及农民补偿安置的，要实行公示。要循序渐进地推进挂钩试点工作，不得违背当地农民意愿，搞大拆大建，不符合农民意愿的，不得搞行政命令强行拆迁。要坚决防止盲目推进试点，搞政绩工程、形象工程，给当地农民带来不必要的经济负担。

切实维护农民的合法权益。要按照国发〔2004〕28 号和《国务院关于加强土地调控有关问题的通知》（国发〔2006〕31 号）文件的要求，对被拆迁农民要足额补偿并妥善安置，切实提高被拆迁农民的生活水平，保障其长远生计；集中安置的，要从实际出发，方便生产生活，使被拆迁农民真正享受到挂钩试点工作带来的实惠。要贯彻落实城市反哺农村、工业反哺农业政策，建新地块中实行招标拍卖挂牌供地所得收益，要按一定比例返还农村，支持农村集体发展生产和经济。

五、加强组织领导，确保挂钩试点工作取得成效

各级国土资源管理部门要高度重视，切实加强组织领导，把挂钩试点工作列入重要工作议程，积极争取当地政府支持，加强相关部门配合。要建立挂钩试点工作目标责任制，严格责任考核，确保挂钩试点工作取得成效。各试点省份要加强对试点工作的指导，抓紧完善规范管理的各项办法，对不符合国土资发〔2005〕207号文件和本通知精神的，要抓紧整改，并及时报部备案；要加强政策调研，有针对性研究解决试点工作中的问题和困难；要不断总结经验，注重宣传引导，防止试点工作走样，确保挂钩试点工作规范平稳开展。

各地要根据本通知要求，抓紧对第一批项目区开展全面调查，对存在问题的要及时整改，并于8月15日前将整改情况报部。部将适时对各试点省份工作进行抽查，对存在突出问题的进行通报。

国土资源部

二〇〇七年七月十三日

国土资源部关于印发《城乡建设用地增减挂钩试点管理办法》的通知

（国土资发〔2008〕138号）

天津、江苏、浙江、安徽、福建、山东、湖北、湖南、广东、重庆、四川、河北、内蒙古、辽宁、江西、河南、云南等省（区、市）国土资源厅（国土资源和房屋管理局）：

《城乡建设用地增减挂钩试点管理办法》已经第14次部长办公会审议通过，现予印发，请认真贯彻执行。

国土资源部

二〇〇八年六月二十七日

城乡建设用地增减挂钩试点管理办法

第一条 为进一步加强和规范城乡建设用地增减挂钩试点工作，根据《国务院关于深化改革严格土地管理的决定》（国发〔2004〕28号）的规定，制定本办法。

第二条 本办法所称城乡建设用地增减挂钩（以下简称挂钩）是指依据土地利用总体规划，将若干拟整理复垦为耕地的农村建设用地地块（即拆旧地块）和拟用于城镇建设的地块（即建新地块）等面积共同组成建新拆旧项目区（以下简称项目区）。通过建新拆旧和土地整理复垦等措施，在保证项目区内各类土地面积平衡的基础上，最终实现增加耕地有效面积，提高耕地质量，节约集约利用建设用地，城乡用地布局更合理的目标。

第三条 挂钩试点工作应以落实科学发展观为统领，以保护耕地、保障农民土地权益为出发点，以改善农村生产生活条件，统筹城乡发展为目标，以优化用地结构和节约集约用地为重点。具体遵循以下原则：

（一）以规划统筹试点工作，引导城乡用地结构调整和布局优化，推进土地节约集约利用，促进城乡协调发展。

（二）以挂钩周转指标安排项目区建新拆旧规模。调控实施进度，考核计划目标；

（三）以项目区实施为核心，实行行政辖区和项目区建新拆旧双层审批、考核和管理，确保项目区实施后，增加耕地有效面积，提高耕地质量，建设用地总量不突破原有规模；

（四）因地制宜，统筹安排，零拆整建，先易后难，突出重点，分步实施；

（五）尊重群众意愿，维护集体和农户土地合法权益；

（六）以城带乡、以工促农，通过挂钩试点工作，改善农民生产、生活条件，促进农业适度规模经营和农村集体经济发展。

第四条　国土资源部负责对全国挂钩试点工作的政策指导、规模调控和监督检查；试点省（区、市）级国土资源部门负责辖区内试点工作的总体部署和组织管理；试点市、县国土资源部门负责本行政区域内试点工作的具体组织实施。

挂钩试点工作应当由市、县人民政府组织协调，相关部门协同配合，共同推进。

第五条　挂钩试点工作实行行政区域和项目区双层管理，以项目区为主体组织实施。项目区应在试点市、县行政辖区内设置，优先考虑城乡结合部地区；项目区内建新和拆旧地块要相对接近，便于实施和管理，并避让基本农田。

项目区内建新地块总面积必须小于拆旧地块总面积，拆旧地块整理复垦耕地的数量、质量，应比建新占用耕地的数量有增加、质量有提高。

项目区内拆旧地块整理的耕地面积，大于建新占用的耕地的，可用于建设占用耕地占补平衡。

第六条　挂钩试点通过下达城乡建设用地增减挂钩周转指标（以下简称挂钩周转指标）进行。挂钩周转指标专项用于控制项目区内建新地块的规模，同时作为拆旧地块整理复垦耕地面积的标准。不得作为年度新增建设用地计划指标使用。

挂钩周转指标应在规定时间内用拆旧地块整理复垦的耕地面积归还，面积不得少于下达的挂钩周转指标。

第七条　挂钩试点市、县应当开展专项调查，查清试点地区土地利用现状、权属、等级，分析试点地区农村建设用地整理复垦潜力和城镇建设用地需求，了解当地群众的生产生活条件和建新拆旧意愿。

第八条　挂钩试点市、县应当依据土地利用总体规划和专项调查，编制挂钩试点专项规划，统筹安排挂钩试点项目区规模布局，做好与城市、村镇规划等的衔接。

第九条　挂钩试点县（区、市）应依据专项调查和挂钩试点专项规划，编制项目区实施规划，统筹确定城镇建设用地增加和农村建设用地撤并的规模、范围和布局，合理安排建新区城镇村建设用地的比例，优先保证被拆迁农民安置和农村公共设施建设用地，并为当地农村集体经济发展预留空间。

项目区实施规划内容主要包括农村建设用地整理复垦潜力分析，项目区规模与范围，土地利用结构调整等情况；项目区实施时序，周转指标规模及使用、归还计划；拆旧区整理复垦和安置补偿方案；资金预算与筹措等，以及项目区土地利用现状图和项目区实施规划图。

第十条　挂钩试点工作必须经国土资源部批准，未经批准不得自行开展试点工作。

省级国土资源部门制定试点工作总体方案，向国土资源部提出开展挂钩试点工作申请。国土资源部对省级国土资源部门上报的试点工作总体方案进行审查，并批准挂钩试点省份。

经批准的试点省级国土资源部门，依据试点工作总体方案，组织市、县国土资源部门编制项目区实施规划，并进行审查，建立项目备选库；根据项目区入库情况，向国土资源部提出周转指标申请。

国土资源部在对项目区备选库进行核查的基础上，按照总量控制的原则，批准下达挂钩周转指标规模。

第十一条　挂钩试点应当具备以下条件：

（一）建设用地供需矛盾突出，农村建设用地整理复垦潜力较大；

（二）当地政府重视，群众积极性较高；

（三）经济发展较快，具备较强的经济实力，能确保建新安置和拆旧整理所需资金；

（四）土地管理严格规范，各项基础业务扎实，具有较强制度创新和探索能力。

第十二条　试点省（区、市）应根据国土资源部批准下达的挂钩周转指标规模，在项目区备选库中择优确定试点项目区，对项目区实施规划和建新拆旧进行整体审批，不再单独办理农用地转用审批手续。整体审批结果报国土资源部备案。

项目区经整体审批后方可实施，未经整体审批的项目区，不得使用挂钩周转指标；未纳入项目区、无挂钩周转指标的地块，不得改变土地用途，涉及农用地改变为新增建设用地的应依法办理农用地转用手续。

第十三条　项目区实施前，应当对建新拟占用的农用地和耕地，进行面积测量和等级评定，并登记入册。

第十四条　挂钩试点实施过程中，项目区拆旧地块整理要严格执行土地整理复垦的有关规定，涉及工程建设的，应当执行项目法人制，招投标制、工程监理制、公告制等制度。

第十五条 挂钩周转指标分别以行政区域和项目区为考核单位，两者建新地块的面积规模都不得突破下达的挂钩周转指标规模。对各项目区挂钩周转指标的使用情况，要独立进行考核和管理；对试点市、县挂钩周转指标的使用情况，要综合行政辖区内的所有项目区进行整体考核和管理。

试点市、县国土资源部门应按照"总量控制、封闭运行、定期考核、到期归还"的原则，制定建立挂钩周转指标管理台账，对挂钩周转指标的下达、使用和归还进行全程监管。

挂钩周转指标从项目区整体审批实施至指标归还的期限一般不超过三年。项目区要制定分年度指标归还计划。试点市、县国土资源部门督促落实指标归还进度；试点省级国土资源部门每年应当依据指标归还计划，对各试点市、县挂钩周转指标归还情况进行考核验收。

第十六条 项目区建新地块要按照国家供地政策和节约集约用地要求供地和用地。确需征收的集体土地，应依法办理土地征收手续。

通过开展土地评估、界定土地权属，按照同类土地等价交换的原则，合理进行土地调整、互换和补偿。根据"依法、自愿、有偿、规范"的要求，探索集体建设用地流转，创新机构，促进挂钩试点工作。

第十七条 项目区选点布局应当举行听证、论证，充分吸收当地农民和公众意见，严禁违背农民意愿，大拆大建，项目区实施过程中，涉及农用地或建设用地调整、互换，要得到集体经济组织和农民确认。涉及集体土地征收的，要实行告知、听证和确认，对集体和农民妥善给予补偿和安置。

建新地块实行有偿供地所得收益，要用于项目区内农村和基础设施建设，并按照城市反哺农村、工业反哺农业的要求，优先用于支持农村集体发展生产和农民改善生活条件。

第十八条 市、县国土资源部门对挂钩试点工作要实行动态监管，每半年将试点进展情况向上级国土资源部门报告；省级国土资源部门应定期对本行政辖区试点工作进行检查指导，并于每年年底组织开展年度考核，考核情况报国土资源部备案。

第十九条 项目区实施完成后，由试点县级国土资源部门进行初验。初验合格后，向上一级国土资源部门申请，由省级国土资源部门正式验收，并将验收结果报部备案。

项目区验收时，需提供1：1万或更大比例尺的项目区土地利用现状图和必要的遥感影像资料，与项目区实施前的图件资料进行比对和核查。

第二十条 项目区竣工验收后，要在规定的时间内完成地籍调查和土地变更调查，明确地块界址，并依法办理土地变更登记手续。

第二十一条 试点各级国土资源部门应运用计算机等手段，对建新拆旧面积、周转指标、土地权属等进行登记、汇总，建立项目区数据库，加强信息化管理。

第二十二条 国土资源部定期对试点工作进行检查，对未能按计划及时归还指标的省（区、市），要限期整改，情节严重的，暂停挂钩试点工作；对于擅自扩大试点范围，突破下达周转指标规模，停止该省（区、市）的挂钩试点工作，并相应扣减土地利用年度计划指标。

第二十三条 试点省（区、市）可结合本地区实际情况，参照本办法，制定具体实施办法。

第二十四条 本办法自颁布之日起实施。

国务院关于严格规范城乡建设用地增减挂钩试点切实做好农村土地整治工作的通知

（国发〔2010〕47号）

各省、自治区、直辖市人民政府，国务院各部委、各直属机构：

近年来，各地开展农村土地整治，有效促进了耕地保护；同时，一些地方在农村土地整治过程中，进行了将通过整治节约的少部分农村建设用地以指标调剂的方式按规划调整到城镇使用的政策探索，开展城乡建设用地增减挂钩试点（以下简称增减挂钩试点），对统筹城乡发展发挥了积极作用，但也出现了少数地方片面追求增加城镇建设用地指标、擅自开展增减挂钩试点和扩大试点范围、突破周转指标、违背农民意愿强拆强建等一些亟需规范的问题，侵害了农民权益，影响了土地管理秩序，必须采取有力措施，坚决予以纠正。为严格规范增减挂钩试点，切实做好农村土地整治工作，现就有关问题通知如下：

一、总体要求

（一）以促进农业现代化和城乡统筹发展为导向。要坚持最严格的耕地保护制度和最严格的节约用地制度，促进农业农村发展和农业现代化，促进新农村建设和城镇化发展；要增加耕地数量、提高耕地质量，促进农业产业结构调整，提高农业集约化水平；要优化城乡用地结构，加强农村基础设施和公共服务设施建设，提高节约集约用地水平，促进城乡统筹发展。

（二）以增加高产稳产基本农田和改善农村生产生活条件为目标。要按照有利生产、方便生活、改善环境的原则，以农田整治为重点，立足提高高产稳产基本农田比重，加快改善农村生产生活条件，促进农民增收、农业增效、农村发展。有条件的地区，通过农村土地整治示范建设，与散乱、废弃、闲置、低效利用的农村建设用地整治相结合，实施田水路林村综合整治，充分发挥其经济、社会、生态综合效益。

（三）以切实维护农民权益为出发点和落脚点。要始终把维护农民权益放在首位，充分尊重农民意愿，坚持群众自愿、因地制宜、量力而行、依法推动。要依法维护农民和农村集体经济组织的主体地位，依法保障农民的知情权、参与权和受益权。整治腾出的农村建设用地，首先要复垦为耕地，在优先满足农村各种发展建设用地后，经批准将节约的指标少量调剂给城镇使用的，其土地增值收益必须及时全部返还农村,切实做到农民自愿、农民参与、农民满意。

二、严格规范增减挂钩试点

(四)坚决扭转片面追求增加城镇建设用地指标的倾向。要依据土地利用总体规划,统筹安排农民新居、城镇发展等土地整治活动,合理设置建新、折旧项目区,确保项目区内建设用地总量有减少、布局更合理,耕地面积有增加、质量有提高,实现以城带乡、以工补农,城乡统筹发展的目标。要坚决扭转在增减挂钩试点中重建新、轻拆旧、重城镇、轻农村单一解决城镇建设用地供需矛盾的倾向,坚决纠正少数地方突破土地利用年度计划控制、片面追求增加城镇建设用地指标等偏差,坚决制止实施过程中脱离发展实际、侵害群众利益等各类违法违规行为。

(五)坚决制止以各种名义擅自开展土地置换等行为。在推进农村新居建设和危房改造及小康示范村建设等工作中,凡涉及城乡建设用地调整使用的,必须纳入增减挂钩试点。必须坚持局部试点、封闭运行、规范管理、结果可控,未经批准不得擅自开展试点或扩大试点范围。严禁在试点之外,以各种名义开展城乡建设用地调整使用。严禁擅自开展建设用地置换、复垦土地周转等"搭车"行为,防止违规扩大城镇建设用地规模。

(六)严禁突破挂钩周转指标。各地要依据土地利用总体规划和农业生产、城乡建设、农田水利建设、林业保护利用和生态建设等有关要求,科学编制农村土地整治规划,合理安排增减挂钩试点的规模、布局和时序。试点必须符合土地利用总体规划和土地整治规划,纳入土地利用年度计划。所在省(区、市)要严格按照国家下达的挂钩周转指标,组织审批和实施试点项目,严禁突破挂钩周转指标设立挂钩项目区,严禁项目区跨县级行政区域设置,严禁循环使用周转指标。各试点地区要对挂钩周转指标的下达、使用和归还实行全程监管,严格考核,确保增减挂钩试点严格控制在周转指标内。

(七)严禁盲目大拆大建和强迫农民住高楼。要与地方经济社会发展水平和农业产业发展相适应,与城镇化进程和农村人口转移相协调,遵循城镇发展规律,区分城镇规划区内、城乡结合部、空心村和闲置宅基地等不同情况,因地制宜,量力而行,循序渐进。涉及农村拆迁安置的新居建设,要为农民提供多种建房选择,保持农村特色和风貌,保护具有历史文化和景观价值的传统建筑。要尊重农民意愿并考虑农民实际承受能力,防止不顾条件盲目推进、大拆大建。严禁在农村地区盲目建高楼、强迫农民住高楼。

(八)严禁侵害农民权益。开展增减挂钩试点,必须举行听证、论证,充分听取当地农村基层组织和农民的意见。涉及土地调整互换使用的,未征得农村集体组织和农民同意，不得强行开展增减挂钩试点。必须按照明晰产权、维护权益的原则，合理分配土地调整使用中的增值收益。要明确受益主体，规范收益用途，确保所获土地增值收益及时全部返还农村，用于支持农业农村发展和改善农民生产生活条件，防止农村和农民利益受到侵害。

三、切实做好农村土地整治工作

（九）大力推进以高产稳产基本农田建设为重点的农田整治。要按照因地制宜、改善条件、提高质量的要求，以提高高产稳产基本农田比重为目标，大力开展土地平整、田间道路建设、农田防护建设和农田水利建设。要依照耕地分等定级技术规范和标准，严格土地整治新增耕地质量评定和验收，有针对性地采取培肥地力等措施，稳步提升新增耕地产能，经整治的耕地要划定为基本农田，实行永久保护。要切实防止投入散、项目小、新增耕地质量偏低，以及重建设轻管护等问题。

（十）规范推进农村土地整治示范建设。要按照统筹规划、整合资源、整体推进的原则，以耕地面积增加、建设用地总量减少、农村生产生活条件和生态环境明显改善为目标，规范推进以田水路林村综合整治为内容的农村土地整治示范建设。未批准开展增减挂钩试点的地区，不得将农村土地整治节约的建设用地指标调剂给城镇使用。整治腾出的农村建设用地，首先要复垦为耕地，规划继续作为建设用地的可作为农民旧房改造、新居建设、农村基础设施和公共服务配套设施建设以及农村非农产业发展用地。严禁以整治为名，擅自突破土地利用总体规划和年度计划，扩大城镇建设用地规模。严禁在农村土地整治中，违法调整、收回和强迫流转农民承包地。

（十一）积极组织实施农村土地整治重大工程。要按照科学论证、集中投入、分步实施的要求，以提高粮食综合生产能力为目标，在保护生态环境的前提下，积极组织实施《全国土地利用总体规划纲要（2006—2020年）》、《全国新增1000亿斤粮食生产能力规划（2009—2020年）》确定的农村土地整治重大工程，促进国家粮食核心区和战略后备产区建设，为确保国家粮食安全提供基础性保障。要切实加强配套工程建设，落实配套资金，强化工程监管，防止和纠正配套工程不到位、配套资金不落实等问题。

四、保障措施

（十二）加强组织领导。地方各级人民政府要高度重视，以统筹城乡发展、全面建设小康社会为目标，切实加强组织领导，形成地方政府主导、国土资源部门搭建平台、相关部门各司其职协调联动的工作机制。国土资源部要会同相关部门根据职能分工，落实责任，通力合作，准确把握工作要求，加强全程指导和有效监管，严格规范增减挂钩试点并切实做好农村土地整治工作。

（十三）强化资金整合和使用管理。各地要以新增建设用地土地有偿使用费、用于农业土地开发的土地出让收入、耕地开垦费和土地复垦费等资金为主体，引导和聚合相关涉农资金，保持渠道和用途不变，实行专账管理，统筹集中使用，切实提高各项资金综合使用效益。严格执行土地出让收益要优先用于农业土地开发和农村基础设施建设的规定，严格执行新增建设用地土地有偿使用费主要用于基本农田建设和保护、耕地开发和土地整理的规定，中央分成部分要重点支持农村土地整治重大工程和示范工程建设。要引导和规范民间资本参与增减挂钩试点和农村土地整治行为。

（十四）做好农村集体土地权属管理。各地区开展增减挂钩试点和农村土地整治，要按照确权在先的要求，对土地利用现状和权属状况进行调查、核实，做到地类和面积准确，界址和权属清楚。增减挂钩试点和农村土地整治涉及的土地，原则上应维持原有土地权属不变；对土地互换的，要引导相关权利人本着互利互惠的原则，平等协商解决，有争议的要依法做好调处工作。对权属有争议又调处不成的，不得开展增减挂钩试点和农村土地整治。增减挂钩试点和农村土地整治实施后，要依法及时办理土地确权、变更登记手续，发放土地权利证书及农村土地承包经营权证等，依法保障农民的土地权益。

（十五）严格监督管理。各级国土资源主管部门要结合国土资源综合监管平台建设，加强增减挂钩试点和农村土地整治项目管理信息化建设，实行全程监管；要完善增减挂钩试点和农村土地整治项目在线备案制度，对项目的批准和实施情况，实行网络直报备案，及时向社会公示，自觉接受社会公众监督；要做好增减挂钩试点和农村土地整治项目的可行性论证和立项工作，加强对项目实施的检查指导、评估考核以及项目实施后的验收等工作；要充分发挥国家土地督察和土地执法监察的作用，完善问题发现和查处机制，强化监督检查，及时纠正发现的问题。

（十六）严肃查处违法违规行为。地方各级人民政府近期要对增减挂钩试点和农村土地整治开展情况进行全面自查、清理。国土资源部要会同有关部门组织全面检查，对不符合政策规定的一律叫停，进行整顿、规范和限期整改，对违法违规行为要坚决查处。对未经批准擅自开展增减挂钩试点、超出试点范围开展增减挂钩和建设用地置换或擅自扩大挂钩周转指标规模的，要严肃追究有关地方人民政府负责人及相关人员的责任，并相应扣减土地利用年度计划指标。

各地区、各有关部门要牢固树立科学发展观和正确的政绩观，立足于维护好广大人民群众的根本利益，认真总结经验，及时研究解决工作中出现的新情况、新问题，确保增减挂钩试点和农村土地整治工作规范、健康、有序开展。

国务院

二〇一〇年十二月二十七日

国土资源部关于印发《城乡建设用地增减挂钩试点和农村土地整治清理检查工作方案》的通知

(国土资发〔2011〕22号)

各省、自治区、直辖市国土资源厅（国土环境资源厅、国土资源局、国土资源和房屋管理局、规划和国土资源管理局），计划单列市国土资源行政主管部门，新疆生产建设兵团国土资源局：

为了贯彻落实《国务院关于严格规范城乡建设用地增减挂钩试点切实做好农村土地整治工作的通知》（国发〔2010〕47号）精神，切实做好城乡建设用地增减挂钩试点和农村土地整治清理和检查工作，我部会同有关部门研究制定了《城乡建设用地增减挂钩试点和农村土地整治清理检查工作方案》，并经国务院批准。国务院领导明确批示"此项工作十分重要。要严格清理检查、严肃处理纠正、完善规章制度，加强监督管理。务求实效，不走过场。"各省（区、市）国土资源主管部门要坚决贯彻国务院领导重要批示，根据清理检查工作方案安排，认真做好清理检查工作，务求取得实效，确保增减挂钩试点和农村土地整治健康有序进行。

国土资源部

二〇一一年二月十二日

城乡建设用地增减挂钩试点和农村土地整治清理检查工作方案

为了贯彻落实《国务院关于严格规范城乡建设用地增减挂钩试点切实做好农村土地整治工作的通知》（国发〔2010〕47号）精神，国土资源部会同中农办、发展改革委、财政部、环境保护部、农业部、住房城乡建设部、国研室，就认真开展城乡建设用地增减挂钩试点（以下简称增减挂钩试点）和农村土地整治清理和检查制定工作方案。

一、总体要求

全面清理检查 2006 年以来各地开展增减挂钩试点和农村土地整治工作，

以及以各种名义擅自开展建设用地置换等情况，对存在的问题全面梳理，按照增减挂钩试点要求，严肃纠正规范；认真总结相关工作经验，完善规章制度，加强监督管理；深入研究体制机制等深层次问题，提出解决问题的措施，推进改革创新。同时，加强信息化建设，强化国土资源全国"一张图"动态监管，确保增减挂钩试点和农村土地整治工作规范、健康、有序开展。

二、主要任务和工作目标

（一）对增减挂钩试点开展清理检查。对国土资源部批准的增减挂钩试点，按照发现问题和总结经验并重的原则，从挂钩周转指标管理、项目区设置、项目区审批、拆旧复耕及耕地质量、安置建新、收益分配、权属调整、尊重农民权益等方面进行全面清查和总结规范。对存在的问题逐一排查到位，重点对片面追求建设用地指标、不顾条件大拆大建、强迫农民上楼、不合理分配资金等行为进行严肃整改；对不符合要求的地方性文件予以修改或废止；对规范的做法和典型经验进行总结提升；对增减挂钩的现实和长远作用及综合性操作办法进行探索研究，并制定和落实进一步加强增减挂钩试点监管的措施。

（二）对增减挂钩试点外开展的建设用地置换进行清理检查。对在国土资源部批准的增减挂钩试点之外，各地在推进农村新居建设、危房改造和小康示范村建设等工作中，开展城乡建设用地置换、调整使用的行为进行全面清理检查。摸清试点以外以各种名义开展的城乡建设用地置换、调整使用的情况，对不符合国发〔2010〕47号文件规定，涉及建设用地置换、复垦土地周转等的地方政策文件和相关规定一律予以废止；对继续在试点外进行建设用地置换和复垦土地周转的，一律停止实施，进行整顿规范。

（三）对农村土地整治的清理检查。对农村土地整治中涉及建设用地整治的情况进行全面清理检查，重点摸清农村建设用地整治节约土地留用分配、使用和资金管理以及确权登记发证等情况，对不符合国发〔2010〕47号文件精神的地方政策文件进行修改或废止。同时，认真总结农村土地整治工作中的典型经验和好的做法，研究制定做好农村土地整治的办法和措施。

三、工作安排

清理检查工作分三阶段进行。

（一）自查清理阶段（2月20日至3月31日）。地方各级国土资源主管部门在当地政府领导下，会同有关部门，依据国发〔2010〕47号文件规定，组织开展本行政区域内增减挂钩试点和农村土地整治工作情况的自查清理。在自查清理基础上，将增减挂钩试点项目区和农村土地整治项目上图入库，纳入"一张图"管理。省级国土资源主管部门要按照统一要求将全省（区、市）自查清理结果汇总在线上报国土资源部，同时抄送派驻地方的国家土地督察局。汇总要求见附件1、2、3。

（二）检查纠正阶段（4月1日至4月30日）。针对自查清理出的问题，国土资源部会同有关部门，按照严格规范、分类处理的原则，制定纠正整改的政策意见，下发各省（区、市）；省级国土资源主管部门会同有关部门，按照纠正整改的政策意见制定方案，组织纠正整改，完善相关制度措施。省级国土资源管理部门将整改情况形成报告，经省级人民政府同意后报国土资源部，同时抄送派驻地方的国家土地督察局。

（三）抽查总结阶段（5月1日至5月30日）。国土资源部会同有关部门组成检查组，在各地自查自纠的基础上进行抽查。对自查清理和纠正整改工作不力的，督促限期整改。国土资源部对清理检查工作进行全面总结，提出进一步加强监管和深化改革的政策措施，并向国务院作出专报。

四、工作措施

（一）统一组织，加强领导。国土资源部会同中农办、发展改革委、财政部、环境保护部、农业部、住房城乡建设部、国研室，组织清理检查工作。国土资源部成立清理检查工作办公室，负责清理检查的具体组织工作。地方各级国土资源管理部门要高度重视本次清理检查工作，按照工作方案的要求，统一部署，成立专门工作班子，建立相关工作机制，逐级动员分解落实工作任务和目标，做好本行政区域内的清理检查工作，务求取得实效。

（二）统筹兼顾，协同配合。国土资源部和各有关部门加强沟通、协调配合。地方各级国土资源管理部门要及时向当地党委、政府汇报，会同有关部门，按照工作方案的要求，积极开展相关工作；对清理检查中发现的重大问题，特别是涉及国土资源部门难以解决的问题，要主动做好与有关部门的沟通协调，向当地党委、政府提出建议，积极争取支持解决。对清查整改和好的增减挂钩试点经验，要通过报纸、网络宣传公示，正确引导社会舆论，加强媒体、社会公众监督，保证清理检查全面、真实、可靠。

（三）全面清理，认真整改。地方各级国土资源主管部门要在全面清查、明确问题的基础上，区分不同情况，分类提出纠正和整改意见。对未按要求进行自查清理和整改不到位的，要限期整改，限期整改期间暂停下达挂钩周转指标。

（四）完善制度，规范管理。各级国土资源主管部门要通过清理检查工作，认真总结经验，针对存在的问题，及时完善制度，确保规范执行。对尚未建立相关制度的，要限期建立；对制度不落实、管理不到位的，要研究落实的强化措施；要按照国发〔2010〕47号文件和增减挂钩试点管理有关规定，进一步规范工作内容和程序，完善项目区管理制度和收益分配机制，严格监管，确保增减挂钩试点和农村土地整治健康有序进行。

附件：1. 省（区、市）城乡建设用地增减挂钩试点项目区实施情况表（略）

2-1. 省（区、市）年增减挂钩试点外开展的建设用地置换等项目情况表（按项目区管理）（略）

2-2. 省（区、市）年增减挂钩试点外开展的建设用地置换等项目情况表（未按项目区管理）（略）

3. 省（区、市）农村土地整治项目实施情况表（略）

国土资源部关于印发《城乡建设用地增减挂钩试点和农村土地整治有关问题的处理意见》的通知

（国土资发〔2011〕80号）

各省、自治区、直辖市及计划单列市国土资源主管部门，新疆生产建设兵团国土资源局：

为切实做好城乡建设用地增减挂钩试点和农村土地整治有关问题的纠正整改工作，确保清理检查工作不走过场、取得实效，部征求有关部门意见并结合清查整改进展实际，制定了《城乡建设用地增减挂钩试点和农村土地整治有关问题的处理意见》。现印发给你们，请认真贯彻执行。

国土资源部

二〇一一年六月十九日

城乡建设用地增减挂钩试点和农村土地整治有关问题的处理意见

为了贯彻落实《国务院关于严格规范城乡建设用地增减挂钩试点切实做好农村土地整治工作的通知》（国发〔2010〕47号）精神，各地按照统一部署，开展了城乡建设用地增减挂钩试点和农村土地整治清理检查（以下简称清理检查）工作，针对存在的问题进行了纠正整改。为了保证整改措施落实到位，确保清理检查工作不走过场、取得实效，提出如下处理意见：

一、总体要求

认真按照国发〔2010〕47号文件规定，严格规范增减挂钩试点，要坚决扭转片面追求增加城镇建设用地指标的倾向、坚决制止以各种名义擅自开展土地置换等行为、严禁突破挂钩周转指标、严禁盲目大拆大建和强迫农民住高楼、严禁侵害农民权益，切实做好农村土地整治工作，规范推进农村土地整治示范建设。严格依据《国土资源部关于印发〈城乡建设用地增减挂钩试点和农村土地整治清理检查工作方案〉的通知》（国土资发〔2011〕22号），按照严格清理检查、严肃处理纠正、完善规章制度、加强监督管理的总体要求，在对增减挂钩试点、建设用地置换和农村土地整治等进行全面清查的基础上，针对存在的问题，依法依规严肃处理，区别情况认真整改，保障增减挂钩试点和农村土地整治工作规范、健康、有序开展。

二、对相关政策文件的处理

对地方各级党委政府及有关部门下发的与增减挂钩、建设用地置换和土地整治等有关的政策文件和地方性规章，进行全面清理和审核，凡不符合国发〔2010〕47号文件精神的，政策文件一律停止执行，地方性规章依法按程序废止；凡部分条款规定不符合要求的，须按照国发〔2010〕47号文件和国家有关政策规定修改完善。

三、对擅自扩大增减挂钩规模和试点问题的处理

（一）对突破挂钩周转指标规模的。凡经国土资源部批准的增减挂钩试点，实施中突破了下达的周转指标或循环使用周转指标，应按照国发〔2010〕47号文件进行整改规范，并将清查规范情况报国土资源部审定合格后，正式纳入增减挂钩试点管理，相应抵扣年度增减挂钩周转指标；尚未实施的，暂停实施，按照国发〔2010〕47号文件规定进行整改并规范项目规划或方案，经部验收合格的可批准实施，整改验收不合格的取消试点项目。国发〔2010〕47号文件下发后，仍存在擅自扩大挂钩周转指标规模，又未在自查自纠中进行纠正的，要严肃追究有关负责人及相关人员的责任。

（二）对管理不规范的。开展增减挂钩试点，未按规定编制建新拆旧项目区实施规划，或不严格按照规划实施的，须按规定进行整改，经省级国土资源主管部门批准后继续实施，并报部备案。不整改或整改不到位的，停止实施，追究责任人责任，不再安排该县（市、区）新的增减挂钩试点和下达周转指标，原实施单位做好善后工作。项目区跨县级行政区域设置，已经实施的要进行规范、整改，省级国土资源主管部门要制定新的管理办法和措施，确保今后不再出现类似问题；尚未实施的一律停止实施，对项目规划重新作出安排，确保不再跨县级行政区域设置项目区。对建新拆旧项目区未纳入统一监管平台的，要抓紧按增减挂钩项目区管理信息系统建设规范上图入库，纳入统一监管平台，未完成上图入库的，不再批准开展新的增减挂钩试点，也不得再安排增减挂钩周转指标。

（三）对拆旧复垦还耕不及时的。已开展增减挂钩试点并进行农民搬迁安置的项目区，未在规定期限内完成拆旧复耕归还周转指标，或复垦耕地质量不达标的，要制定保障措施在复垦计划基础上半年内完成复耕并确保复垦耕地的质量，限期内未按要求复耕到位的，不再安排新的增减挂钩试点和下达周转指标，并按已用地量相应扣减年度新增建设用地计划指标。

四、对涉及建设用地置换等行为的处理

（一）国发〔2010〕47 号文件下发前已经批准尚未实施的建设用地置换项目，一律停止实施。对符合增减挂钩试点条件的，可按照增减挂钩的规定和程序重新报批。

（二）国发〔2010〕47 号文件下发前已经实施的建设用地置换，按建新拆旧项目区进行规范管理的，报国土资源部审定并上图入库后，按照突破周转指标规模的挂钩试点项目的办法处理，相应抵扣年度增减挂钩周转指标；不按建新拆旧项目区进行规范管理的，要在 2011 年 8 月底前整改到位。不整改或整改不到位的，涉及批准用地的置换审批文件一律作废，按用地量相应扣减年度新增建设用地计划指标，并追究有关负责人及相关人员的责任。

（三）国发〔2010〕47 号文件下发后地方批准的建设用地置换项目，未实施的，一律停止实施，相关批复文件一律废止。擅自决定实施的，追究有关负责人及相关人员的责任，还须按用地量相应扣减当地新增建设用地指标。

五、对农村土地整治存在问题的处理

对在农村土地整治中涉及农村建设用地整治、置换，并将节约的建设用地指标调剂到城镇使用的，要在 2011 年 8 月底前整改到位，整改后按建新拆旧项目区进行规范管理的，报国土资源部审定并上图入库后，按照突破周转指标规模的挂钩试点项目的办法处理，相应抵扣年度增减挂钩周转指标；不按建新拆旧项目区进行规范管理的，涉及用地的置换批准文件一律停止执行，节约的建设用地指标不得继续使用，并按用地量相应扣减年度新增建设用地计划指标。

六、对侵害农民权益问题的处理

增减挂钩试点和农村土地整治工作中，凡存在违背农民意愿、侵害农民权益、非法改变土地用途的，都必须严肃整改，依法依规进行查处。

（一）没有妥善做好搬迁农民安置工作，特别是违背农民意愿大拆大建、逼农上楼，引发群体或恶性事件的，要认真稳妥依法依规解决后续问题，并严肃追究相关人员责任。

（二）不顾当地经济发展条件和农民承受能力，在土地利用总体规划确定的城镇建设用地范围外的农村地区盲目建高楼，对搬迁农民生产生活造成严重影响的，或破坏历史文化名镇名村和生态环境的，当地政府要研究提出补救措施，做好善后工作，并追究相关人员责任。

（三）各地要对正在实施和今后开展的建设用地调整使用中涉及到的土地

指标收益做出明确具体的支出规定，按规定将土地指标收益及时全部返还农村，由县（市、区）按照农村集体资产规定提出解决方案，征得当地集体经济组织和农民同意后管理使用。

（四）将搬迁农民安置用地用于商品房开发，谋取不正当利益的，要严肃追究相关人员责任。

七、整改自纠工作要求

（一）公示要求。各地要在全面清查、纠正整改的基础上，将增减挂钩试点和农村土地整治涉及的建设用地调整等工作基本情况，主要包括项目区名称位置、规模范围、农民安置、收益分配等，在当地媒体上予以公示，接受社会监督。

（二）时限要求。各地要按照《城乡建设用地增减挂钩试点和农村土地整治清理检查工作方案》的部署安排，抓紧推进清理检查各项工作。相关工作情况公示应于本意见下发后 20 天内完成，各项整改工作应在 2011 年 8 月底前完成并报国土资源部。

（三）工作要求。省级国土资源主管部门要高度重视，在当地人民政府统一领导下，会同有关部门，做好国发〔2010〕47 号文件的贯彻落实。要从实际出发组织指导市、县做好清理检查各项工作，采取有力措施，严肃整改自纠，对整改中发现的重大问题，及时研究解决。

国土资源部将会同国务院有关部门，对各地清理检查工作进行联合抽查，凡发现有意瞒报、虚报等行为的，认定为自查清理工作不合格，要公开通报并追究责任。

国土资源部办公厅关于加强城乡建设用地增减挂钩试点在线监管工作的通知

（国土资厅函〔2011〕975 号）

各省、自治区、直辖市及计划单列市国土资源主管部门，新疆生产建设兵团国土资源局：

为了深入贯彻落实《国务院关于严格规范城乡建设用地增减挂钩试点切实做好农村土地整治工作的通知》（国发〔2010〕47 号）精神，切实加强城乡建设用地增减挂钩（以下简称增减挂钩）试点在线监管工作，部研究制定了《城乡建设用地增减挂钩试点在线监管系统建设方案》（以下简称《方案》），现印发给你们，请认真贯彻执行。现就有关事项通知如下：

一、充分认识加强增减挂钩试点在线监管的重要意义

加强增减挂钩试点在线监管，是强化增减挂钩试点工作动态管理，确保试点规范有序开展的重要保障。国发〔2010〕47 号文件明确要求，各级国土资源主管部门要结合国土资源综合监管平台建设，加强增减挂钩试点项目管理信息化建设，实行全程监管；要完善增减挂钩试点项目在线备案制度，对项目的批准和实施情况，实行网络直报备案。各级国土资源主管部门要深入学习国发〔2010〕47 号文件精神，充分认识加强增减挂钩试点在线监管工作的重要性和紧迫性，加强领导、周密安排，按照《方案》要求，切实做好增减挂钩试点在线监管各项工作。

二、认真做好增减挂钩试点项目区在线备案工作

各级国土资源主管部门要在全面完成增减挂钩试点清理检查，并对项目区进行严肃整改的基础上，将整改合格的项目区按《方案》要求及时上图入库，经省级国土资源主管部门审定后，于 2011 年 11 月底前，通过试运行的全国增减挂钩试点在线报备系统报部备案。今后，新批准实施的增减挂钩试点项目区都要按照《方案》要求，及时将有关信息上图入库并在线备案，实行增减挂钩试点工作动态在线监管。部将于明年 1 月 1 日起正式运行增减挂钩试点在线报备系统。

三、切实强化增减挂钩试点在线监管的各项措施

各级国土资源主管部门要按照《方案》要求，加强制度建设，确保增减挂钩试点在线监管的有效实施。试点省级国土资源主管部门，要对项目区整体审批和挂钩周转指标下达等情况，及时做好登记，按月在线报部；试点市、县国土资源主管部门，要对项目区实施情况，及时登记逐级上报；项目区实施完成后，由省级国土资源管理部门组织验收，并做好成效分析，在 10 个工作日之内在线报部。部将对在线报备的项目区进行统一配号管理，并对在线监管工作定期进行检查考核，凡未进行在线备案的项目区，一律不予确认；凡未按要求落实在线监管的省份，部将暂停该省增减挂钩试点工作。

各地在增减挂钩试点在线报备系统运行中遇到的问题，请及时报部。

附件：城乡建设用地增减挂钩试点在线监管系统建设方案

国土资源部办公厅

二〇一一年十月二十七日

附件

城乡建设用地增减挂钩试点在线备案和监管指标体系

二〇一一年十月

表1   城乡建设用地增减挂钩试点审批

序号	指标名称		填写说明	备注
1	申请情况	申请增减挂钩试点省份	填写申请增减挂钩试点省份的名称	
2		申请年份		
3		申请周转指标规模		
4	备选库基本情况	是否组织编制实施规划并建立项目区备选库	填写"是"或"否"	
5		备选库项目区数量		
6		备选库项目区周转指标总规模		
7		备选库项目区名称	多个项目名称依次填写	
8	批准情况	实际批准试点时间	填写国土资源部批准试点或下达挂钩周转指标的时间:"×年×月×日"	
9		实际批准试点和挂钩周转指标的文件	填写国土资源部批准试点或下达挂钩周转指标的文件名称及文号,按"题头〔年度〕文号"格式填写。例如国土资发〔2006〕231号	
10		实际批准周转指标规模		

表2   增减挂钩试点项目区基本情况

序号	指标名称			填写说明	备注
1	基本信息	项目区编号		按照所在行政辖区、审批方式和序列号统一配号	
2		所在省、市、县			
3		项目区名称		按照"地区-名称-项目区"格式填写,如:×省×市(县)×项目区	
4		批准文号、机关、时间		填写整体审批文件文号、机关、时间	
5		组织实施单位			
6		项目计划结束时间			
7		周转指标规模及年度			
8	周转指标	使用计划	第一年		
9			第二年		
10			第三年		
11		归还计划	第一年		
12			第二年		
13			第三年		

续表

序号	指标名称			填写说明	备注
14	拆旧地块（逐地块填写）	地块序号		按照项目区编号和序列号统一配号	
15		位置		该地块所在的县、乡（镇）、村的名称	
16		地类面积	农村居民点	同一地块涉及多种地类时，依次按照各个地类填写相应面积	
17			工矿废弃地		
18			其他建设用地		
19		X、Y坐标		X、Y坐标指项目地块的拐点坐标，统一采用西安80大地坐标系	
20	拆旧建新 建新地块（逐地块填写）	地块序号		按照所在行政辖区和序列号统一配号	
21		位置		该地块所在的县、乡（镇）、村的名称	
22		农村建新面积	农民安置住房	建新位于城镇规划建设用地范围以外时填写	
23			农村基础设施和公共服务配套设施		
24			非农产业发展用地		
25			其他建设用地		
26		城镇建新面积	商业用地	建新位于城镇规划建设用地范围以内时填写	
27			住宅用地		
28			工业用地		
29			其他建设用地		
30		城镇和农村建新占用耕地情况	面积		
31			质量等级	指拆旧地块耕地平均质量等级，可依据《农用地分等规程》和拆旧区所在二级区分等参数计算各单元等指数，按面积加权法确定项目区平均等级	
32		X、Y坐标		X、Y坐标指项目地块的拐点坐标，统一采用西安80大地坐标系	
33	符合规划情况	土地利用总体规划		填写符合规划的名称	
34		村镇建设规划			
35		土地整治规划			
36		其他规划			

141

续表

序号	指标名称			填写说明	备注
37	资金预算总额（万元）			项目实施拟需要的所有费用总额（不包括城镇建新费用）	
38		安置补偿		指用于项目区内农民安置的资金，主要包括农民旧房拆除补偿、货币安置、农民新居建设（不包括农民自筹部分）等所需资金	
39		土地复垦		指用于项目区拆旧地块整理复垦的工程建设资金	
40		设施建设		指用于农村基础设施、公益设施建设的资金	
41		其他		除"安置补偿"、"土地复垦"、"设施建设"以外的其他费用	
42	资金筹集渠道	财政资金			
43		社会资金			
44		信贷资金			
45		其他资金			
46	安置情况	拆旧涉及户数			
47		住房安置新居户数		指拆旧涉及户数中通过住房安置方式安置的户数	
48			进城镇安置	拆旧农户在城镇范围内安置的户数	
49			农村独户安置		
50			农村楼房安置		
51			5层及以上		
52		货币安置户数			
53	权属调整	土地所有权权属调整	征为国有面积	指涉及集体土地所有权征收为国有土地所有权的面积	
54			集体换地面积	指乡（镇）、村、村民组集体土地所有权调整的面积	
55		土地使用权权属调整面积		指集体农用地使用权、集体建设用地使用权和宅基地使用权之间调整的面积	
56	征求意见情况	项目区实施涉及总户数		指实施项目区拆旧和集体土地调整使用涉及的农户数量	
57		征求意见户数			
58		同意户数			

财政部关于城乡建设用地增减挂钩试点
有关财税政策问题的通知

（财综〔2014〕7号）

各省、自治区、直辖市、计划单列市财政厅（局）：

2006年以来，经国土资源部批准，各地陆续开展了城乡建设用地增减挂钩试点（以下简称增减挂钩）工作，对于促进节约集约用地、缓解土地供需矛盾、保护耕地资源、统筹城乡发展起到积极作用。根据《国务院关于严格规范增减挂钩试点切实做好农村土地整治工作的通知》（国发〔2010〕47号）、《国务院办公厅关于规范国有土地使用权出让收支管理的通知》（国办发〔2006〕100号）等规定，现就增减挂钩中有关财税政策问题通知如下：

一、加强增减挂钩相关收入征管，落实"收支两条线"政策

在实施增减挂钩中，市县国土资源管理部门依法供应用于城镇建设的地块（即建新地块）形成的土地出让收入，包括利用增减挂钩节余指标供应土地形成的土地出让收入，均应当按照国办发〔2006〕100号文件规定，就地全额缴入国库，实行"收支两条线"管理，并按照不同供地方式分别填列《政府收支分类科目》"1030148国有土地使用权出让收入"中的相应目级科目。增减挂钩地区试行土地节余指标交易流转的，其土地节余指标交易流转收入应当作为土地出让收入的一部分，全额缴入国库，实行"收支两条线"管理，缴库时填列《政府收支分类科目》中的"103014899其他收入"科目。市县财政部门应当会同国土资源管理部门加强增减挂钩相关收入征收管理，确保相关收入及时足额缴库，不得随意减免或返还相关收入，也不得账外设账、截留、挤占和挪作他用。

二、规范增减挂钩支出管理，加大对增减挂钩项目的支持力度

在实施增减挂钩中，要做好农村居民的拆迁补偿安置工作，规范项目支出管理，加大财政支持力度。其中，农村居民住宅等拆迁补偿所需费用，新建农村居民安置住房所需费用，以及新建农村居民安置住房社区中的道路、供水、供电、供气、排水、通讯、照明、污水、环境、卫生、文化、公共绿地、公共厕所、消防等公共基础设施建设支出，可以通过预算从土地出让收入中安排；

整理复垦为耕地的农村建设用地地块（即拆旧地块）所需费用，可以按照"渠道不乱、用途不变、统筹安排、集中投入、各负其责、各计其功、形成合力"的原则，通过预算从土地出让收益中计提的农业土地开发资金、农田水利建设资金以及新增建设用地土地有偿使用费、耕地开垦费、土地复垦费等资金来源安排；新建农村居民安置住房社区中的学前教育、义务教育等相关开支，可以通过预算从土地出让收益中计提的教育资金等相关资金渠道中安排。

三、建立增减挂钩项目支出预决算制度，按照项目实施进度核拨资金

实施增减挂钩项目的单位，应当按照同级财政部门的规定编报项目支出预算，经同级财政部门审核后纳入年度土地出让支出预算，按规定程序报同级人民政府同意，并报同级人大审议批准后实施。增减挂钩项目单位申请拨款，应当依据批准的预算，提出年度分季分月用款计划，报同级财政部门批准后，按照项目实施进度核拨资金，并根据用途分别填列相应的土地出让支出科目。对于未列入预算的增减挂钩支出项目，财政部门一律不得安排资金。年度终了，实施增减挂钩项目的单位，应当按同级财政部门的规定，编报增减挂钩项目支出决算，经同级财政部门审核后纳入年度土地出让支出决算，按规定程序报同级人民政府同意，并报同级人大审议批准。

四、明确增减挂钩税费优惠政策，减轻增减挂钩项目负担

为支持增减挂钩工作，减轻增减挂钩项目负担，对增减挂钩项目实施税费优惠政策。根据《耕地占用税暂行条例实施细则》（财政部令第49号）的有关规定，增减挂钩项目中农村居民经批准搬迁，原宅基地恢复耕种，新建农村居民安置住房占用耕地面积不超过原宅基地面积的，不征收耕地占用税；超过原宅基地面积的，对超过部分按照当地适用税额减半征收耕地占用税；新建农村居民住房社区中学校、道路等占用耕地符合减免条件的，可以依法减免耕地占用税。增减挂钩项目中新建农村居民安置住房和社区公共基础设施用地，以及增减挂钩项目所在市县利用节余指标供应国有建设用地，未超过国土资源部下达增减挂钩周转指标的，可以不缴纳新增建设用地土地有偿使用费、耕地开垦费；上述用地超出国土资源部下达增减挂钩周转指标的部分，以及节余指标在其他市县交易流转供应相应面积的国有建设用地，凡涉及农用地、未利用地转为建设用地的，均应当依法缴纳新增建设用地土地有偿使用费、耕地开垦费。

五、坚持量力而行的原则，从严控制增减挂钩项目的债务规模

实施增减挂钩应当充分尊重农村居民意愿，坚持群众自愿、因地制宜、统

筹安排、分步实施、量力而行的原则。增减挂钩项目单位需要举借债务的，应当与开展增减挂钩项目所需自筹资金相适应，从严控制债务规模。属于地方政府性债务的，纳入地方政府性债务统一管理，并严格执行地方政府性债务管理政策。增减挂钩项目单位举债筹集的资金，应当实行银行专账管理，专项用于与增减挂钩项目相关的开支，不得挤占和挪作他用。

六、加大监督检查力度，提高增减挂钩项目实施效果

为确保增减挂钩不走样，防止出现"重建新、轻拆旧"、"重指标、轻复垦"问题，市县财政部门应当加强增减挂钩项目及其相关收支的监督管理，保障农村居民合法权益，督促增减挂钩项目资金按照规定管理和使用，落实相关税费优惠政策。同时，将增减挂钩项目纳入审计范围，督促相关单位严格按规定程序和要求实施增减挂钩项目，优化用地结构，节约集约利用建设用地，加快整理复垦耕地进度，保障整理复垦耕地的数量和质量，增加耕地有效面积，提高增减挂钩项目实施效果。

实施增减挂钩是改善农村生产生活条件、促进农业现代化建设、提高节约集约用地水平、统筹城乡发展、保护耕地的一项重要措施，各级财政部门要高度重视这项工作，加强部门协调与配合，齐心协力共同做好这项工作，确保增减挂钩工作有序规范开展和顺利实施。

财政部

二〇一四年一月二十六日

国土资源部关于进一步运用增减挂钩政策
支持脱贫攻坚的通知

（国土资发〔2017〕41号）

各省、自治区、直辖市及计划单列市国土资源主管部门，各派驻地方的国家土地督察局：

为了更好地发挥城乡建设用地增减挂钩政策支持脱贫攻坚的作用，进一步完善贫困地区增减挂钩节余指标使用政策，现将有关事项通知如下：

一、切实增强用好用活增减挂钩政策支持脱贫攻坚的责任感紧迫感

为贯彻落实《中共中央 国务院关于打赢脱贫攻坚战的决定》精神，我部印发了《关于用好用活增减挂钩政策积极支持扶贫开发及易地扶贫搬迁工作的通知》（国土资规〔2016〕2号）。文件下发后，各省（区、市）积极进行宣传培训，及时组织项目立项，认真开展增减挂钩节余指标在省域范围内流转使用工作。

从目前情况看，河北、山西、吉林、江苏、安徽、江西、河南、广西、重庆、四川、贵州、陕西、青海等省份进行了节余指标流转交易，推进措施得力，节余指标流转规模大、效益显著，共流转使用节余指标7.16万亩，流转收益169.83亿元。实践表明，增减挂钩政策是脱贫攻坚的重要抓手，在扶贫开发及易地扶贫搬迁工作中发挥了重要作用，既为扶贫搬迁工作筹集了主要资金，保障了搬迁工作顺利开展，又优化了城乡建设用地布局，保护了耕地资源；有的地方还结合土地综合整治和地质灾害避险工程，进一步加大了资金项目整合力度，从根本上改善了贫困农村生产生活方式，受到国务院领导同志充分肯定和当地干部群众真心欢迎。但同时，目前全国还有内蒙古、辽宁、黑龙江、湖北、湖南、云南、甘肃、宁夏等省份没有进行节余指标流转交易，不同程度存在着对政策理解不深不透、不敢执行、不会执行等问题。

习近平总书记指出，"脱贫攻坚越往后，难度越大，越要压实责任、精准施策、过细工作"。目前，脱贫攻坚已到了决胜阶段，各省（区、市）要认真研究政策，吃透政策内涵，积极执行政策，充分释放政策红利。已经开展节余指标流转交易的地方，要巩固政策成果，进一步加大工作力度，更好地运用政策，实现对脱贫攻坚更大支持；没有开展节余指标流转交易的地方，要强化政策落地意识，抓紧行动起来，推进相关工作取得实质性进展，有力支撑脱贫攻坚工作。

二、进一步加大增减挂钩政策支持脱贫攻坚的力度

（一）省级扶贫开发工作重点县可以将增减挂钩节余指标在省域范围内流转使用，并按照《关于用好用活增减挂钩政策积极支持扶贫开发及易地扶贫搬迁工作的通知》（国土资规〔2016〕2号）规定执行。

（二）按照"中央统筹、省负总责、市县抓落实"的脱贫攻坚工作管理体制，各省（区、市）在优先保障国家扶贫开发工作重点县、集中连片特困地区增减挂钩节余指标流转使用的前提下，是否允许全部或部分省级扶贫开发工作重点县增减挂钩节余指标在省域范围内或市域范围内流转使用，由各省（区、市）自行决定。

（三）各省（区、市）要根据《通知》要求，及时出台相关实施意见，完善工作机制，将省级扶贫开发工作重点县节余指标流转的决定和相关政策措施报部备案，并抄送有关派驻地方的国家土地督察局。

三、充分发挥增减挂钩政策在支持脱贫攻坚中的作用

各省（区、市）负责对省级扶贫开发工作重点县增减挂钩节余指标省域范围内流转使用进行统一管理和全面监督。

（一）各省（区、市）要加强对增减挂钩项目和节余指标流转的监管，规范节余指标流转交易，同时综合考虑区域发展实际，搭建平台，牵线搭桥，为贫困地区节余指标流转创造条件。

（二）各省（区、市）在编制下达土地利用计划时，应实行增量和存量用地统筹联动，适当减少节余指标流入地区新增建设用地安排，经营性用地尽量要求使用增减挂钩指标，以提高增减挂钩节余指标收益，进一步加大对脱贫攻坚工作的支持力度。

（三）各省（区、市）在执行增减挂钩节余指标省域范围内流转政策时，应充分考虑资源环境承载能力、农业转移人口落户、易地扶贫搬迁任务等因素，做好增减挂钩专项规划与《全国"十三五"易地扶贫搬迁规划》、土地利用总体规划调整完善方案等的衔接。

（四）各派驻地方的国家土地督察局要把各地开展增减挂钩节余指标省域范围流转使用工作情况作为督察工作重要内容，加强对政策落实情况的监督检查，动态跟踪复垦还耕、地籍调查变更、信息备案及上图入库等情况，督促各地用好用足政策，及时纠正存在的问题，确保工作规范有序开展。

国土资源部

二〇一七年四月七日

自然资源部关于印发《城乡建设用地增减挂钩节余指标跨省域调剂实施办法》的通知

（自然资规〔2018〕4号）

各省、自治区、直辖市自然资源主管部门：

为规范推进城乡建设用地增减挂钩节余指标跨省域调剂工作，根据《城乡建设用地增减挂钩节余指标跨省域调剂管理办法》（国办发〔2018〕16号）规定，我部制定了《城乡建设用地增减挂钩节余指标跨省域调剂实施办法》。现予印发，请遵照执行。

自然资源部

二〇一八年七月三十日

城乡建设用地增减挂钩节余指标跨省域调剂实施办法

根据《城乡建设用地增减挂钩节余指标跨省域调剂管理办法》（国办发〔2018〕16号）规定，特制定本办法。

一、节余指标调剂任务落实

（一）帮扶省份调入节余指标。帮扶省份省级人民政府根据国家下达的城乡建设用地增减挂钩节余指标（以下简称节余指标）跨省域调剂任务，于每年11月30日前将确认的调剂任务函告自然资源部（详见附件1）。自然资源部汇总确认结果后函告财政部，并抄送国家土地督察机构。

帮扶省份自然资源主管部门会同相关部门开展调剂工作，使用调入节余指标进行建设的，应将建新方案通过自然资源部城乡建设用地增减挂钩在线监管系统（以下简称监管系统）备案。

（二）深度贫困地区所在省份调出节余指标。深度贫困地区所在省份（以下简称调出省份）省级人民政府根据国家下达的节余指标跨省域调剂任务，于每年11月30日前将能够调出的节余指标和涉及的资金总额函告自然资源部，并说明已完成验收情况，附具《增减挂钩节余指标跨省域调出申请表》（详见附件 2，以下简称《申请表》）；暂未完成拆旧复垦验收的，应在完成验收后，及时填写《增减挂钩节余指标跨省域调出完成验收统计表》（详见附件 3，以下简称《统计表》）报自然资源部。

自然资源部收到省级人民政府函告后，依据监管系统等，在 10 个工作日内对《申请表》或《统计表》完成核定，并将结果函复调出省份，抄送财政部、国家土地督察机构。

调出省份自然资源主管部门结合本地区实际，在函告前将调出节余指标任务明确到市、县。市、县自然资源主管部门编制拆旧复垦安置方案，由省级自然资源主管部门审批后，及时通过监管系统备案。

二、节余指标使用

（三）节余指标使用和再分配。自然资源部对节余指标调剂使用实行台账管理，进行年度核算。帮扶省份超出国家下达调剂任务增加购买的节余指标，以及调出省份低于国家下达调剂任务减少调出的节余指标，与下一年度调剂任务合并，统筹分配到深度贫困地区。已确认的调入节余指标，帮扶省份可跨年度结转使用，也可与其他计划指标配合使用；已核定的调出节余指标，深度贫困地区满 3 年未完成拆旧复垦验收的，扣回未完成部分对应的调剂指标和资金。

（四）规范使用规划建设用地规模。帮扶省份调入节余指标增加的规划建设用地规模，以及调出省份调出节余指标减少的规划建设用地规模，应在监管系统中做好备案，作为国土空间规划编制中约束性指标调整的依据。

三、节余指标调剂监测监管

（五）强化实施监管责任。省级自然资源主管部门要加强对节余指标跨省域调剂工作的组织监管，并对拆旧复垦安置项目、建新项目以及备案信息的真实性、合法性负责。

帮扶省份要落实最严格的耕地保护制度和节约用地制度，合理安排跨省域调剂节余指标，尽量不占或少占优质耕地。深度贫困地区要充分尊重农民意愿，坚决杜绝强制拆建；要按照严格保护生态环境和历史文化风貌的要求，因地制宜开展拆旧复垦安置，防止盲目推进。

（六）健全日常监测监管制度。自然资源部对节余指标调剂任务完成情况定期开展监督检查评估，结果作为节余指标调剂任务安排的测算依据。国家土地督察机构要加强跟踪督察力度，各级自然资源主管部门要加强日常动态巡查，及时发现并督促纠正查处弄虚作假等违法违规行为。

本办法自印发之日起施行，有效期至 2022 年 12 月 31 日。

附件：1. 增减挂钩节余指标跨省域调入确认函（格式文本）（略）
　　　2. 增减挂钩节余指标跨省域调出申请表（样表）（略）
　　　3. 增减挂钩节余指标调出完成验收统计表（样表）（略）

财政部关于印发《跨省域补充耕地资金收支管理办法》和《城乡建设用地增减挂钩节余指标跨省域调剂资金收支管理办法》的通知

（财综〔2018〕40 号）

各省、自治区、直辖市财政厅（局），新疆生产建设兵团财政局：

为贯彻落实《中共中央 国务院关于实施乡村振兴战略的意见》和《国务院办公厅关于印发跨省域补充耕地国家统筹管理办法和城乡建设用地增减挂钩节余指标跨省域调剂管理办法的通知》（国办发〔2018〕16 号）部署要求，推动相关工作顺利实施，财政部制订了《跨省域补充耕地资金收支管理办法》和《城乡建设用地增减挂钩节余指标跨省域调剂资金收支管理办法》。现印发给你们，请遵照执行。

　　附件：1. 跨省域补充耕地资金收支管理办法（略）
　　　　　2. 城乡建设用地增减挂钩节余指标跨省域调剂资金收支管理办法

财政部

二〇一八年七月十三日

城乡建设用地增减挂钩节余指标跨省域调剂资金收支管理办法

第一章　总　则

第一条　为有序实施深度贫困地区城乡建设用地增减挂钩节余指标跨省域调剂，规范深度贫困地区城乡建设用地增减挂钩节余指标跨省域调剂资金收支管理工作，根据《中华人民共和国预算法》和《国务院办公厅关于印发跨省域补充耕地国家统筹管理办法和城乡建设用地增减挂钩节余指标跨省域调剂管理办法的通知》（国办发〔2018〕16 号）有关规定，制定本办法。

第二条　本办法所称城乡建设用地增减挂钩节余指标跨省域调剂资金（以下简称调剂资金），是指经国务院批准，有关帮扶省份在使用"三区三州"及其他深度贫困县城乡建设用地增减挂钩节余指标（以下简称节余指标）时，应向中央财政缴纳的资金。

第三条　财政部负责全国调剂资金收支管理工作，各省级财政部门负责本行政区域调剂资金收支管理工作。

第二章　调剂资金收取

第四条　自然资源部根据有关省（区、市）土地利用等情况，经综合测算后报国务院确定年度调入节余指标任务，按程序下达相关省份。

主要帮扶省份应当全额落实调入节余指标任务，缴纳调剂资金，鼓励多买多用。鼓励其他有条件的省份根据自身实际提供帮扶。

第五条　收取调剂资金规模按照国家下达并经自然资源部核定的帮扶省份调入节余指标任务，以及节余指标调入价格确定。

第六条　节余指标调入价格根据地区差异相应确定，北京、上海每亩70万元，天津、江苏、浙江、广东每亩50万元，福建、山东等其他省份每亩30万元；附加规划建设用地规模的，每亩再增加50万元。

第三章　调剂资金下达

第七条　自然资源部根据有关省（区、市）土地利用和贫困人口等情况，经综合测算后报国务院确定年度调出节余指标任务，按程序下达相关省份。

第八条　下达调剂资金规模按照国家下达并经自然资源部核定的深度贫困地区所在省份调出节余指标任务，以及节余指标调出价格确定。

财政部根据确定的调剂资金规模，向深度贫困地区所在省份先下达70%调剂资金指标，由省级财政部门根据省级自然资源主管部门确认的调剂资金金额拨付深度贫困地区。待完成拆旧复垦安置并经自然资源部确认后，财政部向深度贫困地区所在省份下达剩余30%调剂资金指标，由省级财政部门拨付深度贫困地区。

第九条　经自然资源部确认，调出节余指标省份未完成核定的拆旧复垦安置产生节余指标任务的，由财政部根据未完成情况将调剂资金予以扣回。

第十条　节余指标调出价格根据复垦土地的类型和质量确定，复垦为一般耕地或其他农用地的每亩30万元，复垦为高标准农田的每亩40万元。

第四章　调剂资金结算和使用

第十一条　调剂资金收支通过中央财政与地方财政年终结算办理。相关资金结算指标由财政部于每年2月底前下达各有关省份。

省级财政应缴纳的调剂资金通过一般公共预算转移性支出上解中央财政，

列入政府收支分类科目"2300602 专项上解支出"科目。

中央财政应下达的调剂资金通过一般性转移支付下达地方财政，由地方财政列入政府收支分类科目"1100208 结算补助收入"科目。

第十二条　中央财政按照年度下达调剂资金需求确定当年收取调剂资金规模，实现年度平衡。

第十三条　深度贫困地区收到的调剂资金全部用于巩固脱贫攻坚成果和支持实施乡村振兴战略，优先和重点保障产生节余指标深度贫困地区的安置补偿、拆旧复垦、基础设施和公共服务设施建设、生态修复、耕地保护、高标准农田建设、农业农村发展建设以及易地扶贫搬迁等。

第五章　附　则

第十四条　各级财政部门应当加强调剂资金收支管理，对存在违反规定分配或使用资金以及其他滥用职权、玩忽职守、徇私舞弊等违法违纪行为的，按照《监察法》、《预算法》、《公务员法》、《财政违法行为处罚处分条例》等国家有关规定追究相应责任。

第十五条　各省级财政部门应当会同自然资源主管部门等相关部门，按照本办法规定制定本省城乡建设用地增减挂钩节余指标跨省域调剂资金管理制度。新疆生产建设兵团城乡建设用地增减挂钩节余指标跨省域调剂资金收支管理，参照本办法执行。

第十六条　本办法自印发之日起实施。

参考文献

北京大学国家发展研究院综合课题组, 周其仁. 2010. 还权赋能——成都土地制度改革探索的调查研究 [J]. 国际经济评论 (2): 5, 54-92.

蔡继明. 2010. 农村集体建设用地流转的主体和利益分配——重庆市和成都市农村集体建设用地流转的政治经济学分析 [J]. 学习论坛, 26 (7): 59-62.

陈国先, 赵洪彬. 2016. 从青杠树村实践看新村建设难题破解 [J]. 当代县域经济 (9): 24-25.

陈锡文. 2010. 农村改革三大问题 [J]. 中国改革 (10): 16-20.

陈雪骅. 2009. 级差地租: 城乡建设用地增减挂钩奥秘 [J]. 国土资源导刊, 6 (8): 18-20.

冯虎. 2017. 深度贫困地区土地释放更大效用 可跨省流转土地交易增减挂钩节余指标 [EB/OL]. http://www.ce.cn/xwzx/gnsz/gdxw/201712/07/t20171207_ 27139600.shtml.

顾汉龙, 冯淑怡, 曲福田. 2014. 重庆市两类城乡建设用地增减挂钩模式的比较 [J]. 中国土地科学, 28 (9): 11-16.

何帆. 2011. 城乡建设用地增减挂钩运作模式研究 [D]. 西安: 长安大学.

胡德斌. 2010. 进一步规范城乡建设用地增减挂钩试点工作 促进土地节约集约利用 [C] //中国土地学会 625 论坛——第二十个全国 "土地日": 土地与转变发展方式——依法管地 集约用地.

华生. 2014. 城市化转型与土地陷阱 [M]. 北京: 东方出版社: 145-147.

华艳, 张健. 2010. 思辨中国之天津经验: 华明镇宅基地换房 [EB/OL]. http://finance. sina. com. cn/china/dfjj/20100908/09068621691. shtml.

李阔. 2014. 基于 "万顷良田建设工程" 的新型城镇化实现路径研究 [D]. 南京: 南京大学.

李孟然. 2010. 本质是优化利用空间——中国农业大学教授郝晋珉谈 "增减挂钩" [J]. 中国土地 (6): 14-17.

李元珍. 2013. 央地关系视阈下的软政策执行——基于成都市 L 区土地增减挂钩试点政策的实践分析 [J]. 公共管理学报 (3): 14-21.

刘耿. 2014. 农村合伙人 [J]. 人民文摘 (10): 20-21.

刘彦随, 刘玉. 2010. 中国农村空心化问题研究的进展与展望 [J]. 地理研究, 29 (1): 35-42.

马根. 2011. 天津东丽区华明示范镇力争打造生态湿地风情小镇 [EB/OL]. http://www. china. com. cn/travel/gaotie/2011-06/14/content_ 22776924. htm.

任平, 周介铭. 2013. 城乡建设用地 "增减挂钩" 制度评估与研究展望 [J]. 中国农学通报，29（5）：97-102.

上官彩霞，冯淑怡，陆华良，等. 2016. 城乡建设用地增减挂钩政策实施对农民福利的影响研究——以江苏省"万顷良田建设"项目为例［J］. 农业经济问题（11）：42-51.

宋娟，白钰，张宇. 2012. 城乡建设用地增减挂钩的理论与实证［M］. 天津：南开大学出版社，14.

孙彬. 2012. 江苏实施"万顷良田建设工程"以来已惠及百万农民［EB/OL］. http：//www. gov. cn/jrzg/2012-02/25/content_ 2076635. htm.

谭峻，戴银萍，高伟. 2014. 浙江省基本农田易地有偿代保制度个案分析［J］. 管理世界（3）：105-111.

谭林丽，刘锐. 2014. 城乡建设用地增减挂钩：政策性质及实践逻辑［J］. 南京农业大学学报（社会科学版）（5）：76-83.

谭明智. 2014. 严控与激励并存：土地增减挂钩的政策脉络及地方实施［J］. 中国社会科学（7）：125-142.

唐珂. 2015. 美丽乡村建设进入标准化轨道——写在《美丽乡村建设指南》国家标准发布之际［EB/OL］. http：//www. farmer. com. cn/kd/201506/t20150626_ 1123118. htm.

汪晖，陶然. 2009. 论土地发展权转移与交易的"浙江模式"——制度起源、操作模式及其重要含义［J］. 管理世界（8）：39-52.

王富康. 2009. 建设用地增减挂钩旨在节约集约［N］. 中国国土资源报，2009-08-13（005）.

王婧，方创琳，王振波. 2011. 我国当前城乡建设用地置换的实践探索及问题剖析［J］. 自然资源学报，26（9）：1453-1466.

王旭东. 2011. 中国农村宅基地制度研究［M］. 北京：中国建筑工业出版社：125.

王振波，方创琳，王婧. 2012. 城乡建设用地增减挂钩政策观察与思考［J］. 中国人口·资源与环境，22（1）：96-102.

出版者不详. 2018. 【乡村振兴示范村候选典型案例】四川省成都市郫都区青杠树村："最美"川坝风情 幸福青杠树村［EB/OL］. http：//www. sohu. com/a/280829658_ 114731.

杨永磊. 2012. 城乡建设用地增减挂钩机制研究［D］. 北京：中国地质大学.

叶敬忠，孟英华. 2012. 土地增减挂钩及其发展主义逻辑［J］. 农业经济问题（10）：43-50.

易小燕，陈印军，袁梦. 2017. 基于 Shapley 值法的农村宅基地置换成本收益及分配分析——以江苏省万顷良田建设工程 X 项目区为例［J］. 农业经济问题（2）：40-47.

张飞. 2016. 增减挂钩对城乡统筹发展的影响机理与效应研究［J］. 中州学刊（8）：35-40.

张静. 2015. 江苏睢宁：古邳万亩良田工程已完成 80%［EB/OL］. http：//leaders. people. com. cn/n/2015/0401/c350477-26783590. html.

张一鸣，刘俊. 2011. 建设用地增减挂钩制度：问题与出路［J］. 西南政法大学学报（4）：20-24.

张宇，欧名豪，张全景. 2006. 钩，该怎么挂——对城镇建设用地增加与农村建设用地减少相挂钩政策的思考［J］. 中国土地（3）：23-24.

赵继成. 2010. "增减挂钩"政策错了吗？［EB/OL］. http：//news. sohu. com/20101113/n277585581. shtml.

赵淑芹，唐守普. 2011. 基于森的理论的土地流转前后福利变化的模糊评价［J］. 统计与决策（11）：51-54.

郑俊鹏，王婷，欧名豪，等. 2014. 城乡建设用地增减挂钩制度创新思路研究［J］. 南京农业大学学报（社会科学版）（5）：84-90.

郑立峰，唐见兵. 2007. 基于灰色关联分析的系统仿真因素权重确定［J］. 计算机仿真（9）：76-78.

周其仁. 2016. 建设新农村应善用城市元素［N］. 联合时报

Cerioli A, Sergio Z. 1990. A fuzzy approach to the measurement of poverty［J］. Income and Wealth Distribution, Inequality and Poverty：272-284.

Cheli B, Lemmi A. 1995. A 'Totally' fuzzy and relative approach to the multidimensional analysis of poverty［J］. Economic Notes, 24（1）：115-133.

Long H, Li Y, Liu Y, et al. 2012. Accelerated restructuring in rural China fueled by 'increasing vs. decreasing balance' land-use policy for dealing with hollowed villages［J］. Land Use Policy, 29（1）：11-22.

Tang Y, Mason R J, Sun P. 2012. Interest distribution in the process of coordination of urban and rural construction land in China［J］. Habitat International, 36（3）：388-395.